Collection dirigée par

Giovanni Bogliolo

Recteur de l'Université d'Urbino

Colette et la Chatte dernière (à l'entresol du 9, rue de Beaujolais, 1928-1930).

Colette

La Chatte

Édition présentée par

Gianfranco Rubino

Professeur à l'Université de Cassino

annotée et analysée par

Annie Oliver

Université « La Sapienza » de Rome

Rédaction: Marie-Claude Chastant

Première édition: novembre 1994

10 9 8 7 6 5 4 3 2 1

Illustrations :
Bibliothèque Nationale – Paris

Pour toute suggestion ou information la rédaction peut être contactée :
Fax 0185/230100 – e-mail: info@blackcat-cideb.com
http://www.blackcat-cideb.com

ISBN 88-7754-163-6

Imprimé en Italie par Litoprint, Genova

Introduction

Éclectisme de Colette

Romancière, auteur d'œuvres autobiographiques, journaliste, critique musicale, mime et danseuse de music-hall, comédienne, scénariste de cinéma, conférencière, voire créatrice de produits de beauté : les manifestations de la personnalité littéraire, artistique et humaine de Colette ont été si nombreuses que déjà en 1908 sa mère Sido pouvait redouter les dangers potentiels de cet éclectisme, lorsqu'elle lui écrivait lors de la parution des *Vrilles de la vigne* : « Tu n'as vraiment pas assez de temps à consacrer à une œuvre de longue haleine, et c'est bien regrettable, mais je ne désespère pas, pourvu que tu ne te laisses pas trop accaparer par le théâtre [1] ».
On sait qu'une partie de ces activités de Colette était stimulée, sinon imposée, par des exigences économiques, surtout pendant la période qui suivit son divorce d'avec son premier mari, Willy. Dans le domaine de l'écriture, les œuvres à forme brève (nouvelles, souvenirs, réflexions, croquis descriptifs, articles) se prêtaient particulièrement à une publication immédiate dans des journaux ou des revues, quitte à être rassemblées plus tard dans des volumes. Mais cette prédilection pour les textes courts, loin de répondre seulement à des raisons pratiques, découlait de tendances profondes du talent de Colette. La suite de sa production devait en témoigner éloquemment. Chez cet auteur ce n'est jamais l'ampleur des dimensions ou la complexité du dessin qui compte mais la justesse des notations, la finesse des nuances, le goût des mots, la liberté de la syntaxe. Cette pratique persistante d'une écriture fragmentaire n'a jamais empêché l'unité

Affiche de la pantomime « La Chatte Amoreuse » (Bataclan, 1912).

Colette dans le mimodrame « L'amour, le désir et la chimère »
(Théâtre des Mathurins, 1906).

« Rêve d'Égypte » ou le scandale du Moulin-Rouge, 1907.

Colette dans son institut de beauté, 6, rue de Miromesnil.

du ton, du style et du réseau thématique qui assure l'homogénéité des morceaux réunis dans chaque recueil.

Cette difficulté de produire une « œuvre de longue haleine » qui faisait l'objet des préoccupations de Sido n'équivalait donc pas nécessairement à un mauvais emploi des énergies de la part de sa fille. Bien sûr, certaines de ces appréhensions étaient partiellement justifiées, puisqu'à la date où Sido les exprimait Colette n'avait signé que deux livres, *Dialogues de bêtes* (1904) et *La Retraite sentimentale* (1907). Par le succès du cycle des *Claudine*, elle avait fait des débuts éclatants dans la catégorie littéraire qui par excellence convient aux ouvrages de « longue haleine », à savoir le roman. Cependant cette série ne lui appartenait pas officiellement, puisqu'elle avait paru sous le nom de Willy et qu'elle était née sous l'influence de ce dernier, dans une mesure difficile à établir bien que vraisemblablement réduite. Il lui fallait alors confirmer et affirmer son talent personnel de narratrice, qu'elle pouvait en effet commencer à revendiquer après la parution de *La Retraite sentimentale*, premier roman dont elle se déclara l'auteur. À partir de *La Vagabonde* (1910) jusqu'à *Julie de Carneilhan* (1941), à travers des chefs-d'œuvre tels que *Chéri* (1920), *Le Blé en herbe* (1923), *La Fin de Chéri* (1926), *La Naissance du jour* (1928), toute une série de réussites incontestables allait témoigner de sa maîtrise du genre.

Il reste que le roman n'a été que la principale parmi les multiples formes d'expressions employées par Colette. Des textes lyriques et descriptifs comme *La Maison de Claudine* et *Sido*, une fois édités en volume, ont montré le rôle fondamental joué dans l'inspiration de Colette par l'instance autobiographique, fondée sur la nostalgie de l'enfance et sur la rêverie du retour à la terre natale/maternelle. L'intensité lyrique du souvenir, visant à évoquer un temps et un espace aimés et perdus, peut très bien se passer de médiations narratives telles que l'invention d'une intrigue et de personnages fictifs.

Les ouvrages romanesques, en revanche, tout en puisant eux aussi au vécu de l'auteur, manifestent la difficulté de retrouver cet éden enfantin tant regretté. Ils représentent donc l'envers des écrits autobiographiques, capables de reconstituer la plénitude d'une présence révolue par l'écriture et par la rêverie d'un « je » s'abandonnant à la mémoire. Liée structurellement au devenir, la logique du roman refuse de s'enfermer à priori dans un microcosme intemporel, dont elle peut plutôt mettre en scène la reconquête. D'où la tendance de Colette à alterner écrits de fiction et proses lyriques-autobiographiques, en tant qu'emblèmes respectifs de l'éloignement de l'objet du désir et de la perspective nostalgique de son évocation directe.

Rédaction et sources du roman

La Chatte, publié d'abord en feuilleton dans *Marianne* (7 avril – 7 juin 1933) fut édité en volume chez Grasset le 7 juin I933. Colette avait entrepris la rédaction de ce qu'elle appelait « le petit roman » dans une période où elle voyageait intensément en France et à l'étranger pour donner des conférences et faire des démonstrations des produits de beauté qu'elle fabriquait. L'écriture de ce texte, qu'elle termina le 30 avril 1933, fut plutôt laborieuse à cause surtout de cette activité si frénétique. Certains aspects de l'intrigue ont pu être suggérés à Colette par un cas de mésentente conjugale qu'elle racontera en détail dans la nouvelle *Nudité* (I942) après en avoir eu la confidence une dizaine d'années plus tôt. Un autre exemple possible de couple mal assorti, ressemblant quelque peu à celui de *La Chatte*, viendrait, comme le suggère Michel Mercier [2], d'un roman de Rachilde, *La Jongleuse* (I900). La protagoniste de ce récit était une jeune fille superficielle, envahissante, pleine de bonne conscience, à laquelle faisait pendant un mari introverti et déçu. Mais la source principale d'inspiration du « petit roman » fut, comme le titre l'indique, la « chatte dernière » de Colette, celle qu'elle préféra entre toutes jusqu'à renoncer à en posséder d'autres.

Une intrigue intériorisée

La Chatte appartient à une période où l'auteur était depuis longtemps en pleine possession de ses moyens artistiques. Sa structure répond au modèle typique du récit colettien : intrigue assez simple, peu de personnages, linéarité du déroulement chronologique, fréquence des dialogues. On n'est légitimé à résumer l'histoire de *La Chatte* que si l'on souligne que l'essentiel du roman n'est pas dans l'anecdote, mais dans l'agencement et les plis du texte qui la relate. Le jeune Alain Amparat vit avec sa mère, dans une belle maison de Neuilly entourée d'un magnifique jardin où il aime passer des heures indolentes. Fiancé à Camille, une exubérante jeune fille qu'il connaît depuis l'enfance, il attend sans impatience le mariage imminent. Après les noces, les deux époux s'installent provisoirement dans un studio surnommé le « Quart-de-Brie », situé au neuvième étage d'un immeuble ultramoderne, puisqu'ils attendent la fin des travaux d'aménagement de la maison d'Alain pour disposer d'un appartement définitif. Ayant laissé tout d'abord chez sa mère, Saha sa chatte bien-aimée, le jeune homme emmène la bête au studio, quand il s'aperçoit qu'elle dépérit à cause de son absence. Mais l'intrusion de Saha, mal prise par Camille, entraîne une détérioration des rapports entre les époux, déjà minés par des incompatibilités secrètes et par la nostalgie croissante d'Alain à l'égard de sa demeure natale et de sa vie d'éternel adolescent. Quand Camille, exaspérée, jettera la chatte du balcon du neuvième étage, Alain n'attendra guère pour décider la rupture et retourner avec Saha au logis maternel.

Comme il arrive assez souvent dans les romans de Colette, il se passe peu de choses : le mariage (esquivé par la narration qui le cache par une ellipse) ; quelques promenades en voiture ; plusieurs visites des époux (et d'Alain seul) à la maison de Neuilly pour vérifier l'état des travaux ; le retour définitif d'Alain à la demeure de son enfance. Le seul événement véritable qui fait précipiter la crise décisive se réduit à la tentative de Camille d'assassiner la chatte.

La progression narrative, qui culmine avec l'échec du mariage, est donc tout à fait confinée à l'intérieur des personnages. C'est une succession d'états d'âme, de réactions émotives, de sentiments parfois inconscients qui scandent les phases de l'incompréhension de plus en plus radicale entre les deux protagonistes. On peut aisément constater la gradation subtile du drame et l'évolution (ou l'involution) des attitudes d'Alain vis-à-vis de Camille. Dès le début, il est évident que l'entente n'est ni complète ni spontanée. Pendant que Camille parlait dans la première séquence du roman, « Alain l'écoutait sans ennui et sans indulgence. Il la connaissait depuis plusieurs années, et la cotait à son prix de jeune fille d'aujourd'hui » (p. 5). La jeune fille « rayonnait d'une immoralité exclusivement féminine, à laquelle Alain ne s'habituait pas » (p. 9). Même sur le plan esthétique, le jugement d'Alain sur Camille n'est pas très indulgent : « Elle n'a pas besoin de hausser les épaules. La nature et l'habitude s'en chargent. Quand elle ne fait pas attention, son encolure la rend courtaude. Légèrement, légèrement courtaude » (p. 10). Le jeune homme arrive même jusqu'à mesurer les baisers à sa fiancée qui en réclamerait davantage.

Le moins qu'on puisse dire c'est que cette hostilité sournoise (le mot « froideur » serait insuffisant) s'accorde difficilement avec l'attitude d'un jeune homme impatient de convoler en justes noces avec sa bien-aimée. Celle qu'Alain aime, ou plutôt qu'il est en mesure de supporter, ce n'est pas la Camille vivante, en chair et en os à laquelle il a affaire presque tous les jours, mais une figure immatérielle et factice, « une forme perfectionnée ou immobile de Camille, cette ombre, par exemple, un portrait, ou le vif souvenir qu'elle lui laissait de certaines heures, de certaines robes… » (p. 9). Bien sûr, il peut arriver que la douceur de la vie commune ressoude des liens initialement superficiels : mais c'est justement le phénomène contraire qui se produira dans la vie des

deux époux, puisque la distance affective qui les sépare au début ne fera que se creuser de plus en plus. Le narrateur mentionne également l'attitude critique de Camille envers la maison de son fiancé, en remarquant qu'elle « ne cachait pas son dédain pour le toit en gâteau, pour les fenêtres du haut engagées dans l'ardoise, et pour certaines pâtisseries modestes, aux flancs des portes-fenêtres du rez-de-chaussée » (p. 6). Il s'agit d'un des détails qui montrent l'incapacité de Camille à aimer Alain sans le séparer de son décor préféré, de ses habitudes, des objets de sa tendresse. Malgré cette myopie, Camille est fortement attirée par Alain, alors que le contraire n'est pas vrai. Ce n'est pas à un défaut de passion de sa part qu'il faudra imputer l'échec de l'union conjugale.
Par la suite, une foule de détails s'accumulent pour signaler la nature et les effets du désenchantement progressif d'Alain. Celui-ci continue de soupeser d'un œil impitoyable l'anatomie de sa femme, à laquelle il reproche le ventre « raccourci par le nombril placé un peu bas » (p. 38) et le « dos de femme de ménage » (p. 39). De plus, il est choqué par la tranquille impudeur de Camille, qui affiche sa nudité devant lui sans aucune gêne. Même les yeux grands ouverts (ou plutôt l'œil, car le plus souvent on n'en mentionne qu'un) de la jeune fille l'inquiètent tellement qu'il les voit dans ses cauchemars. La communication n'est pas très facile, comme le montre l'habitude prise par Alain d'interpeller mentalement sa femme, à laquelle il réserve des pensées parfois désagréables sans les formuler à haute voix. Lors d'une de ses visites à la maison natale pour contrôler les travaux, Alain découvre « qu'il avait besoin d'être consolé » (p. 50), ce qui signifie qu'il est malheureux ou à tout le moins qu'il est en proie à un subtil malaise. La nostalgie de son domaine enfantin est si poignante qu'il contemple « d'un œil d'exilé » (p. 52) le visage de sa mère et la tasse de lait chaud que celle-ci lui offre.
Pendant les quatre premiers chapitres une série d'indices non équivoques concourent donc à montrer, encore plus qu'à suggérer, les mauvaises perspectives du ménage Alain-Camille. De ce point

de vue le déroulement ultérieur de l'histoire ne fait que développer de façon cohérente ces prémisses. Il est vrai que les premiers mois de leur vie conjugale sont marqués par une certaine douceur sommeillante et voluptueuse : Alain arrive même à se demander comment il a pu juger Camille revêche et indomptée. Même ses grands yeux qui le gênaient semblent « adoucis ». Mais l'accumulation des signes se poursuit selon une logique irréversible. Cette douceur si récemment acquise est vite démentie par les attitudes autoritaires de la jeune femme face aux ouvriers sur le chantier de Neuilly et par le ton péremptoire sur lequel elle s'adresse à son mari à la même occasion.

Toutefois ces nuances de psychologie et de comportement ne suffiraient pas à faire avancer les événements s'il ne se produisait un premier fait qui modifiera le cours de l'action (il y en aura un autre) : la décision prise par Alain d'emmener Saha au domicile conjugal du Quart-de-Brie. Ce choix constitue le catalyseur du processus de manifestation et de concrétisation de la crise du couple : à l'introduction d'un troisième élément au sein de la vie à deux, fera pendant un peu plus tard la tentative d'expulsion de l'intrus qui déclenchera l'explosion et le dénouement du drame.

Cette montée de l'incompréhension obéit d'ailleurs à une nécessité inéluctable qui se passe de tout facteur occasionnel. C'est ainsi qu'à l'intérieur de la continuité en apparence paisible de la vie conjugale, des seuils de détérioration marquent chaque fois une étape de plus vers la dissonance. La narration mentionne un de ces changements de niveau au début du septième chapitre : « Ce fut vers la fin de juin qu'entre eux l'inconciliabilité s'établit comme une saison nouvelle, avec ses surprises et parfois ses agréments. Alain la respirait comme un printemps âpre, installé en plein été » (p. 79).

Parmi les symptômes de ce malaise, un des plus éloquents est l'habitude prise par Alain de déserter vers la moitié de la nuit le lit conjugal, pour se recoucher sur le banc de la « salle d'attente » et y veiller ou y achever son sommeil en solitude, avec la seule compagnie de la chatte. Mais ce qu'Alain trouve décidément insupportable c'est la pensée que Camille, l'étrangère, habitera avec lui dans le royaume de son enfance, lorsque les travaux à la maison de Neuilly seront terminés. Dans un premier temps, la perspective de cette intrusion scandaleuse dans le domaine sacré exaspère Alain encore plus que l'attitude peu amicale de la jeune femme vis-à-vis de la chatte. C'est l'attentat à la vie de Saha qui fait de celle-ci le pivot du drame et la preuve de l'impossibilité du ménage. Le retour d'Alain à la maison maternelle, provoqué par cet événement, ferme circulairement ce parcours qui avait commencé par l'abandon de cette même maison à la suite du mariage.

L'articulation bien marquée de la structure du récit et la progression serrée du développement de la situation centrale ont amené un critique à rapprocher *La Chatte* d'une tragédie en cinq actes [3].

Le triangle des Personnages

Cette intrigue très simple se bornerait à relater un cas assez banal de désaccord conjugal si elle ne mettait pas en jeu des ressorts plus secrets. Le sens de son déroulement et de son issue découle principalement de la psychologie des personnages. Il est difficile de comprendre pourquoi la chatte joue un rôle si décisif dans la faillite du mariage si l'on ne s'interroge pas sur l'identité profonde des époux et notamment sur la personnalité d'Alain. Saha aussi, d'ailleurs, est un personnage, bien qu'appartenant à l'espèce du non-humain : mais le statut de « deus ex machina » auquel elle s'élève dépend de l'importance qu'elle revêt aux yeux d'Alain. Si la bête devient la « rivale » de Camille dans le cœur du jeune homme, c'est parce que ce dernier conçoit des passions autres que celles que sa femme devrait lui inspirer, d'où la nécessité de chercher dans l'intimité affective d'Alain la clé du drame.

Le héros de *La Chatte* se caractérise par une sorte de détachement paresseux vis-à-vis de l'existence. Fils unique, orphelin de père, il travaille régulièrement mais sans zèle dans l'entreprise de soieries dont sa famille était propriétaire et où il est désormais un employé ayant gardé des intérêts. Quant à sa vie amoureuse, on dirait que ce blond jeune homme a été accoutumé à être désiré beaucoup plus qu'à désirer, si l'on s'en tient à la condescendance un peu distraite et hautaine avec laquelle il se concède aux ardeurs admiratives de Camille. Sa condition de fils unique lui a permis pendant son enfance de ne devoir jamais disputer à un rival les objets convoités. Il s'ensuit un certain défaut d'agressivité et d'esprit d'initiative. Il ne ressemble en rien aux jeunes de son âge, dont il ne partage pas les engouements : « [...] à l'âge de convoiter une automobile, un voyage, une reliure rare, des skis, Alain n'en demeura pas moins le jeune-homme-qui-a-acheté-un-petit-chat » (p. 31). Cette remarque comparative du narrateur est particulièrement significative, parce qu'elle souligne le décalage d'Alain par rapport aux modèles de désir de la vie moderne : c'est ce qui l'oppose également à Camille, jeune fille à la page, garçonne du style des années vingt, entreprenante, sûre d'elle (au moins en apparence), bavarde, désinvolte jusqu'à frôler la pétulance et la vulgarité. Comme N. Ferrier-Caverivière l'a très bien souligné « c'est précisement cet épanouissement de femme sans réserve sans crainte qui fait peur à Alain, qui le fait s'éloigner d'elle et qui le sépare radicalement[4] ».

Dès le début du roman, il paraît évident que l'attitude fondamentale d'Alain est celle du repli : repli dans l'espace et dans le temps. Il n'est à son aise que lorsqu'il se trouve dans sa maison et qu'il peut jouir des agréments du jardin ayant la chatte à son côté. C'est ce que montre par exemple l'euphorie soudaine qui l'envahit dans le premier chapitre, au moment où la visite de Camille et de ses parents se termine. Une fois la maison débarrassée des étrangers, « il se sentit éveillé et gai » (p. 12) jusqu'à s'abandonner à « un éclat de rire enfantin, le rire qu'il gardait pour la maison et l'étroite intimité, qui ne franchissait pas la charmille d'ormes ni la grille noire » (p.13). À l'intérieur de la demeure le jeune homme peut donner libre cours à ses impulsions les plus spontanées. Outre cet accord avec lui-même, Alain goûte surtout la splendeur du décor, au sein duquel il peut vivre des moments parfaits, affranchis de toute durée.

Comme le mariage dérange cette plénitude apaisante, on s'explique aisément la froideur d'Alain avant et après les noces. C'est un double malheur qui le frappe dans ses retranchements les plus chers. D'abord l'abandon, si provisoire soit-il, de son éden personnel pour habiter au Quart-de-Brie : cette vie menée dans un logis inhospitalier est perçue par Alain comme un exil, ce qui accroît l'intensité de ses sensations chaque fois qu'il retourne à la maison natale. Mais, à l'inverse, les modifications apportées à la physionomie de ce lieu équivalent pour lui à autant de dévastations sacrilèges, dont il redoute l'accomplissement définitif, qu'il souhaiterait différé le plus possible. Sans compter la perspective d'accueillir cette bruyante jeune femme dans ce havre de paix, de silence, de désœuvrement.

Si Alain ne peut rester en dehors de l'endroit bien-aimé où il a vécu vingt-quatre ans et s'il ne tolère aucune modification à son arrangement ni aucune intrusion à son intérieur, c'est qu'il identifie ce lieu à la période parfaite qu'il y a passée, c'est-à-dire à cette enfance interminable qui s'est prolongée jusqu'à son mariage. Enfance, ou même adolescence, peu importe: ce qui compte, c'est le refus du monde des adultes. Alain se penche donc sur un passé à préserver tel quel par une immobilité absolue. Cette pulsion régressive du jeune homme est souvent évoquée. Il a peut-être une envie si fréquente de dormir parce qu'« à la faveur du sommeil, il [redevient] faible, chimérique, attardé dans les rets d'une interminable et douce adolescence » (p. 16). Son amour de la solitude est motivé aussi par le désir de s'abandonner, quand il est à l'abri de tout regard, à certaines habitudes enfantines, comme le montre un passage concernant le rite du petit déjeuner :

> Il pouvait librement aveugler de beurre tous les « yeux » du pain, et froncer le sourcil lorsque le niveau du café au lait, dans sa tasse, dépassait une cote de crue marquée par certaine arabesque d'or. À la première tartine épaisse devait succéder une seconde tartine mince, tandis que la deuxième tasse réclamait un morceau de sucre supplémentaire... Enfin un tout petit Alain, dissimulé au fond d'un grand garçon blond et beau, attendait impatient que la fin du déjeuner lui permît de lécher en tous sens la cuiller du pot à miel, une vieille cuiller d'ivoire noircie et cartilagineuse (p. 25).

Ce qu'il lui faudrait retrouver, c'est l'insouciance confiante et passive de l'âge d'or : « Un bras étendu, l'autre plié sur sa poitrine, il reprenait l'attitude molle et souveraine de ses sommeils d'enfant » (p. 101).

On comprend alors la prédilection d'Alain pour ce jardin dans lequel, entouré de la chatte, des plantes, des insectes, il peut savourer la magie de certains matins de printemps où le temps, miraculeusement arrêté, renvoie aux heures magiques de l'enfance. Il ne veut pas se détacher de ce domaine merveilleux parce qu'il croit pouvoir y perpétuer son adolescence ; réciproquement, il garde l'attitude de l'adolescent parce qu'il n'est pas capable de quitter une fois pour toutes, ce vert paradis.

Il serait cependant un peu trop simpliste de réduire les obsessions d'Alain à une incapacité pathologique de grandir. Certes, sa conception de la vie est négative et passive. Il s'identifie par ce qu'il refuse. Mais ses répulsions suggèrent par antithèse les objets de ses aspirations et de ses désirs. Par exemple, l'hostilité croissante qu'il nourrit envers Camille ne semble pas découler d'une mysoginie secrète (il a eu et aura d'autres liaisons) mais d'une aversion à l'égard de tout ce que sa femme représente. La personnalité de cette dernière est si opposée à la sensibilité du jeune homme, qu'elle fonctionne un peu comme repoussoir révélant les aspects saillants de la psychologie d'Alain. À l'activisme, à la loquacité, à l'attitude envahissante, à la désinvolture impudique de Camille répondent la tendance d'Alain à la rêverie, son besoin de silence, son exigence de solitude, sa pudeur.

Dès le début du roman, le protagoniste se laisse aller volontiers à la contemplation, que ce soit dans le jardin ou durant les nuits passées à veiller dans l'attente de l'aube au Quart-de-Brie en compagnie de Saha. Le jardin comme la nuit sont à la fois objet et cadre d'une concentration mentale fondée sur l'atténuation de toute agitation vaine, de tout bruit ; d'où le soin d'Alain « d'échapper au verbiage, au bruit de pas flageolants qui le suivaient » (p. 133) et sa lassitude du langage, dont l'inanité l'excède : « Parler, et encore parler, expliquer à ma mère… expliquer quoi ? C'est si simple… C'est si difficile… » (p. 134). Le silence peut favoriser une crise cathartique où s'épanche une émotivité trop réprimée par la contenance de l'âge adulte.

Silence et solitude vont de pair car les humains sont décidément incapables de se taire : l'isolement est une des conditions indispensables pour se soustraire aux sollicitations d'autrui et conjurer l'étouffement de l'être. Cette exigence de recul par rapport à son prochain n'est sans doute pas étrangère à la pudeur d'Alain, qui naît du refus de contacts débordants et du désir de protéger ses phantasmes les plus secrets et inexprimables. Cette réserve laisse deviner une tentation de la chasteté, même si le jeune homme semble se satisfaire des rapports physiques avec sa femme.

À mesure que la narration procède, Alain paraît se vouer à une véritable ascèse, par laquelle il vise obscurément une dimension antérieure au langage, à l'intersubjectivité, au désir, à la vie sociale. Peut-être pourrait-on donner à cet état le nom de pureté. Alain y tend positivement, bien que pour l'atteindre il doive repousser tout ce qui s'oppose à une telle conquête. Loin de se tourner vers cette sorte d'absolu élémentaire parce qu'il voudrait se soustraire à Camille et aux liens sociaux, il se soustrait à Camille et aux liens sociaux parce qu'il se tourne vers l'absolu.

Si cette exigence de pureté s'exprime pour Alain sous la forme d'un retour aux sources, c'est-à-dire à la maison natale, il est vrai qu'au-delà de toute régression cette instance se manifeste aussi comme élan intime vers une beauté, une noblesse, une authenticité, une dignité inconnues aux humains. Il existe dans le roman une incarnation envoûtante et mystérieuse de toutes ces valeurs : ce véritable personnage est la Chatte.
Comme on a pu le constater, un personnage antagoniste s'oppose à Alain : il s'agit de Camille, porteuse de valeurs contraires aux qualités qu'Alain apprécie et qu'il trouve dans la chatte. C'est exactement à ce statut de négativité exemplaire que songe le jeune homme quand il pense que son épouse ne doit pas considérer Saha comme sa rivale, puisqu'elle ne peut « avoir de rivales que dans l'impur » (p. 45). Camille est sans aucun doute une femme belle, comme Alain l'avoue parfois en son for intérieur. Mais ses charmes ont parfois quelque chose d'aigrelet sinon de repoussant qui ôte le désir : il suffira de songer aux nombreuses évaluations critiques dont Alain n'est pas avare à l'égard du physique de sa femme ou aux sensations désagréables que certaines particularités esthétiques de celle-ci lui inspirent. De fréquentes réflexions du jeune homme blâment les cheveux trop bruns de Camille, les points faibles de sa structure somatique, ses grands yeux trop écarquillés ou les parfums trop entêtants qui émanent d'elle. Même lorsqu'Alain constate que le mariage a contribué à adoucir les angles physiques et psychologiques de sa femme, il ne peut s'empêcher de tirer de cette remarque des déductions assez hargneuses :

> « Mais oui, elle a engraissé. De la plus séduisante façon, d'ailleurs, car ses seins, eux aussi... » Il fit un retour sur lui-même, et buta, morose, contre l'antique grief viril : « Elle, elle s'engraisse à faire l'amour... Elle engraisse de moi » (p. 93).

S'il lui arrive pour une fois de la cajoler, obéissant à un mouvement occasionnel de tendresse, il emploie pour l'interpeller l'expression plaisante mais peu flatteuse de « mouche dans du lait » (p. 116), suggérée par la juxtaposition de la chevelure noire et du vêtement blanc de Camille.

La présentation négative de cette dernière est due surtout au fait qu'elle est filtrée par les yeux défavorables d'Alain. Mais c'est souvent la logique autonome du texte qui fait de Camille un être objectivement peu attirant. Aussi, pour se rattacher à l'exemple que l'on vient de citer, le choix de parer la jeune femme de non-couleurs telles que le blanc et le noir la rend-il dissonante par rapport à l'univers si riche en variétés chromatiques de ce roman et plus en général de toute l'œuvre de Colette. De même, des apparences de dureté se dégagent de la personne et de la personnalité de Camille dont les aspects tranchants sont efficacement symbolisés par le « diamant tout neuf à sa main gauche » qui taille « la lumière en mille éclats colorés » (p. 33).

Toutefois les côtés les plus irritants de Camille concernent davantage sa psychologie que son aspect extérieur. Elle appartient à une espèce assez répandue dans les romans colettiens : celle des femmes énergiques à la forte personnalité, capables d'exercer un ascendant puissant sinon une domination sur des partenaires masculins souvent veules, faibles, aux traits tantôt enfantins tantôt subtilement féminisés. Camille, dont le prénom évoque à juste titre l'amazone chantée par Virgile, est dynamique, sportive, moderne. Elle coïncide sans perspective et sans recul avec ce présent qu'Alain, tourné vers le passé, veut au contraire esquiver. Douée d'une sensibilité peu réceptive aux nuances, elle ne parvient pas à comprendre la résistance d'Alain à l'idée de bouleverser par des changements, l'équilibre parfait de sa demeure natale.

Cette étroitesse d'esprit la pousse à forcer sans cesse la réserve d'Alain. On a vu comment la facilité avec laquelle elle se montre sans voiles ou l'évidence d'un désir trop entreprenant scandalise Alain, dont la pudeur frôle la pruderie. Totalement dépourvue de mystère, Camille est incapable de concevoir ou de respecter aucun mystère chez les autres; d'où son insistance à harceler Alain avec sa jalousie envers la chatte : elle l'oblige à justifier et à expliquer un rapport qui se passe de toute explication. Ce qui aiguise cette jalousie de Camille, c'est justement sa propre incapacité de franchir le seuil de ce royaume inconnu dont la chatte détient les clefs magiques. Elle reste exclue du langage indéchiffrable du félin, qu'Alain est ou semble toujours être capable de décoder : ainsi se développe sa rage irrésistible contre ce petit être qui fonctionne comme la cruelle pierre de touche de ses insuffisances. Opposée à Alain, elle ne l'est pas moins à la chatte : l'harmonie entre Alain et Saha, dont le sens et la qualité lui échappent, la rejette à l'extérieur.

Malgré les désavantages de son rôle ingrat, la protagoniste féminine de *La Chatte* n'est pas toujours montrée par le narrateur sous un jour défavorable. On souligne à plusieurs reprises sa beauté, on remarque certains signes de sa discrétion, de sa dévotion, de sa fierté. Il reste l'acte soudain qui pousse son mari à la traiter de monstre.

Le troisième sommet de ce triangle, l'élément qui déchaîne la crise, le pôle de l'intrigue et du système des significations est donc la chatte. On connaît la passion que Colette voua dans sa vie et dans ses livres aux animaux et notamment aux chats, dont elle s'entoura pendant toute sa vie.

Ceux-ci furent innombrables, comme en témoigne, entre autres, un passage de *La Treille muscate*[5] :

> Un, deux, trois, quatre... onze chats. L'an prochain, combien seront-ils ? Une panse tendue de femelle promet la portée de six... Deux matous gris, sur le mur, font les beaux pour la morveuse grise qui tétait encore il y a trois mois. Une couleuvrine chatte grise, suave, la joue renflée comme une petite lionne, répète naïvement sous les fusains l'appel chevroté, dit « appel aux oiseaux ». Tant de gris ? Oui, tant de gris. Le couple de mes sud-américains — d'aucuns disent russes — ne regarde pas à trois portées en douze mois. Bien

> mieux, le matou, Krô, sème au loin sa descendance gris-argent, bleue dans l'ombre. L'aube, le crépuscule, enfantent des chats gris [...]. À première vue, vous les diriez pareils. Nous ne sommes pas trois à les connaître, à les reconnaître d'un coup d'œil...

Mais de toute cette faune un seul félin devint le mythe, l'inoubliable : c'était celle qu'elle appela la « Chatte dernière », modèle de la Saha du roman :

> [...] devant vous se tient, identique en gris à tous les autres gris, celle que pourtant vous ne confondrez plus, l'ayant vue une fois, avec aucun autre chat gris, celle qui a refusé les noms de reine, les puérils diminutifs, comme s'il n'y en avait qu'une au monde : – La Chatte [6].

Dans les *Dialogues de bêtes* déjà, les animaux, notamment un chien et une chatte, Toby-Chien et Kiki-la-Doucette, avaient eu le premier rang, disposant enfin d'une voix articulée et d'un langage humain pour exprimer leurs sensations et leurs sentiments. C'est ainsi que le thème central de *La Chatte*, à savoir la prédilection absolue d'une chatte pour son maître, élément masculin d'un couple conjugal, trouvait une formulation explicite de la part de l'animal :

> Une entente... oui. Secrète et pudique, et profonde. Il parle rarement, gratte le papier avec un bruit de souris. C'est à Lui que j'ai donné mon cœur avare, mon précieux cœur de chat. Et Lui, sans paroles, m'a donné le sien. L'échange m'a fait heureux et réservé, et parfois, avec ce bel instinct capricieux et dominateur qui nous fait les rivaux des femmes, j'essaie sur Lui mon pouvoir [7].

Bien que cette tentative de recréer de l'intérieur les états d'âme et les perceptions des animaux ait donné des résultats intéressants, l'effet de fascination dégagé par la chatte est beaucoup plus intense dans le roman où celle-ci est vue de l'extérieur. Le mystère de son être devient alors celui de la dimension dont elle participe. Son exclusion de la parole la soustrait aux imperfections du langage humain. N'étant pas sujette à la banalité des mots, Saha est capable de réaliser une communication essentielle avec celui qu'elle aime : une « confidence mentale », un « murmure télépathique » (p. 32). Elle voit plus loin que les hommes : personne ne connaît ce qu'elle regarde ni ce qu'elle sait. Alain seul, lié au félin par une affinité profonde et innée, parvient à en traduire les comportements et les intentions comme on lirait un chef-d'œuvre littéraire ou figuratif. Grâce à cette parenté, il peut s'absorber avec elle dans la contemplation rêveuse de la nuit, dans l'écoute des sons les plus imperceptibles, dans la perception des parfums du jardin.

C'est donc Saha qui peut entrouvrir pour Alain l'accès à cet état de pureté dont il rêve confusément. Sa beauté, sa noblesse, sa dignité, sa douceur émeuvent le jeune homme et l'élèvent au-dessus de lui-même puisqu'elles représentent la contrepartie des défauts des hommes. Mais la prérogative la plus magique de Saha consiste dans sa symbiose avec la matérialité de la lumière, les sons, les odeurs, les caresses du toucher. Aux yeux de son maître, elle est inséparable du jardin tant regretté de son enfance, « d'une existence au ras du sol, qui s'appuie à tout moment à la terre, à ce qu'enfante la terre » (p. 85), cette terre qui est mère et matrice. Alain est justement nostalgique d'une vie pareillement menée : c'est donc à leur royaume commun qu'il ramène la chatte à la fin du roman, lorsqu'il lui rend, lui dédie « la nuit, la liberté, la terre spongieuse et douce, les insectes veilleurs et les oiseaux endormis » (p. 134).

En réalité ce n'est pas Alain qui rend à la chatte son jardin, mais la chatte qui le rend à Alain. Saha représente donc l'intermédiaire de ce retour à la maison natale, dont elle est le prolongement et l'ambassadrice pendant le séjour au Quart-de-Brie.

S'il est vrai que l'aspiration à la pureté implique une remontée aux origines, le retour au foyer maternel semble alors le seul acte concret qui puisse rapprocher Alain d'un tel idéal. Qu'elle soit ou non la rivale de Camille (Alain prétend que non), Saha prend donc le relais de la mère véritable d'Alain, dont la personnalité sage et souriante reste un peu en retrait.

La figure triangulaire des rapports entre les acteurs du drame a partie liée avec les difficultés conjugales d'Alain et de Camille. La mésentente de ce ménage rentre dans une typologie plus vaste caractérisant la plupart des relations amoureuses dans l'œuvre de Colette. C'est une difficulté permanente de communication qui compromet l'entente entre l'homme et la femme, même dans le cas où ils sont liés par un amour véritable. Il suffit de songer à l'impossibilité de Léa et de Chéri de s'avouer leur sentiment réciproque (*Chéri*) ou à l'éloignement de Farou par rapport à Fanny dans *La Seconde*. À plus forte raison le couple de *La Chatte*, où l'un aime et l'autre n'aime pas, est marqué par une incompréhension totale. Même les étreintes amoureuses, loin d'adoucir Alain et Camille, sont comparables à des corps à corps brutaux qui les opposent comme des adversaires ; et le narrateur parle même de ces « retraites où l'inimitié de l'homme à la femme se garde fraîche et ne vieillit jamais » (p. 79). Quant aux échanges verbaux, aucun dialogue ne favorise une lueur de clarification entre les deux époux. Au contraire, la parole semble les séparer davantage : ce n'est pas un hasard si les monologues intérieurs du mari, renfermant celui-ci en lui-même, empêchent tout épanchement, aveu ou même litige à l'intérieur du couple.

Cette distance entre les deux ne suffirait peut-être pas à déterminer la rupture si le troisième élément, la chatte, ne s'interposait entre eux. Ce schème aussi est plutôt fréquent dans l'univers romanesque de Colette où l'harmonie du duo (pour reprendre le titre d'un de ces romans) est systématiquement dérangée par l'intrusion d'un troisième élément (*Chéri* ; *La Seconde* ; *Duo*, etc.) De ce point de vue, Saha est fonctionnellement la « rivale » de Camille et donc en quelque sorte « l'amante » outre que le substitut et la représentante de la mère. Mais la chatte ne se situe pas au même niveau que Camille, au moins dans la perspective d'Alain : sa force vient de la puissance des valeurs qu'elle symbolise pour son maître. L'attrait qu'elle exerce supplée à un certain effacement de la mère biologique, à laquelle Alain ne semble pas vouer le même culte inconditionnel que celui qu'il a pour la chatte, le jardin, la maison.

Espace et temps

L'organisation spatiale du roman reflète parfaitement l'antagonisme des valeurs symboliques qui s'opposent à l'intérieur de l'histoire. D'un côté se situe la maison natale qui, loin de se réduire au bâtiment, s'identifie surtout au jardin, comme c'est le cas dans le texte de Colette où se célèbre l'apologie la plus fameuse de la demeure, *La Maison de Claudine*. Le jardin est plus proche de la nature que la maison ; à la différence de celle-ci qui peut, en tant qu'espace clos, suffoquer ses habitants, le jardin laisse toute liberté de jeu, de mouvement, de rêve, à ceux qui s'y plaisent, tout en les protégeant par son enceinte contre le monde extérieur. Cette « supériorité » du jardin est soulignée par le narrateur :

> Le jardin, comme Camille, semblait mépriser la maison. De très grands arbres, d'où pleuvait la noire brindille calcinée qui choit de l'orme en son vieil âge, la défendaient du voisin et du passant (p. 7).

Mais c'est la demeure en tant qu'espace unitaire, microcosme protecteur et protégé réunissant dehors et dedans, jardin et appartement, végétaux et animaux, couleurs, sons, odeurs, qui constitue un refuge impossible à remplacer :
Il désigna [...] le jardin qui les entourait, l'étang vert de la pelouse, le lit de pétales sous les rosiers en arceaux, un brouillard d'abeilles au-dessus du lierre fleuri, la maison laide et révérée (p. 89).

Face à ce domaine, paré de son ancienneté et de sa complicité avec la nature, le logement du Quart-de-Brie paraît l'emblème d'une modernité abstraite et factice. Ce petit appartement est situé dans un immeuble à l'architecture extravagante et glaciale. Entourée de parois de verre, la chambre principale semble suspendue en l'air et offerte sans écrans à l'immensité de l'horizon, tandis que la maison natale, ancrée solidement à la matérialité de la terre, est protégée par une végétation luxuriante. Comme une spécialiste de Colette l'a très bien remarqué, la structure triangulaire de la chambre et de l'appartement « figure » l'espace cassant et étriqué qui empêche le rêve et s'oppose à l'architecture « à faces multiples » du logis idéal [8]». La stérilité des matières manufacturées (verre et ciment) du Quart-de-Brie s'oppose de son côté à la fécondité naturelle du domaine de Neuilly, qui exhale « dans la nuit la grasse odeur des terres à fleurs, nourries, provoquées sans cesse à la fertilité » (p. 6). L'exiguïté étouffante de l'appartement met en évidence par contraste l'ampleur de l'espace natal où l'esprit et le corps ne sont pas mortifiés par des contraintes trop accablantes.

La maison originaire fonctionne alors comme pôle fondamental du désir, qui alimente l'aspiration au retour. Doublement utérine, liée à la terre et à la mère véritable, elle est à même de régénérer Alain ou d'en abriter le retour symbolique à l'état fœtal. Puisque sa disposition n'a jamais été modifiée, elle constitue le témoignage concret des années enfantines dont Alain ne peut se détacher et inspire à celui-ci l'illusion de pouvoir arrêter l'écoulement du temps. Gage de la permanence du passé dans le présent, la maison est donc synonyme de fidélité. En tant que complice de l'enfance, elle est aussi le royaume du désœuvrement, de la rêverie, des instants vides où l'on peut s'abandonner à un sommeil apaisant.

Par contre, le Quart-de-Brie est synonyme d'un espace conjugal perçu comme antithétique par rapport au lieu maternel, dont il représente le reniement. Comme il correspond en outre à un présent ouvert sur l'avenir d'un nouveau déménagement, ce logis implique donc l'adieu à l'enfance et l'acceptation de l'âge adulte : double infidélité vers le passé et vers la mère, motif d'énervement perpétuel et d'insatisfaction qui déterminent les veilles d'Alain.

Cet antagonisme entre les deux lieux principaux du roman explique la logique du développement narratif. Bien qu'il se sente exilé au Quart-de-Brie, Alain ne rêve pas pour autant d'un retour pur et simple à son domicile natal. C'est là le paradoxe qui complique la situation conjugale jusqu'à une impasse. Le jeune homme est hanté par la perspective de rentrer et de vivre dans ce royaume qui sera profané par les aménagements et par l'indiscrétion de sa femme. Sa nostalgie des lieux originels, loin de déboucher sur une volonté de retour, vise plutôt à déjouer une pareille issue.

En même temps cet exilé ne peut se passer d'un refuge : c'est de là que naissent son habitude de passer les dernières heures de la nuit sur le banc de la salle d'attente du Quart-de-Brie et sa tendance à trouver en un coin de lui-même, un abri purement mental où il ait l'illusion de se soustraire à l'attention impitoyable de sa femme et à la laideur de l'habitat. Sa décision d'amener Saha au domicile conjugal représente une sorte de compromis, par lequel il peut jouir d'un morceau vivant du domaine natal sans opter définitivement ni pour l'exil ni pour le retour. Ce sera Camille elle-même qui tranchera toute perplexité par sa tentative d'éliminer le seul être capable de mitiger la contradiction. À la suite de cet acte Alain se résout à ce qu'il souhaitait sans se le dire depuis le début : l'abandon du toit conjugal et le retour à la maison maternelle.

La structure séquentielle du roman véhicule sans écarts ni complications la progression inéluctable de cet échec conjugal. Elle répond sur le plan formel à l'exigence spécifiquement romanesque de faire écouler le temps et sur le plan de l'histoire au désir du protagoniste de nier ce même temps. Le déroulement presque insensible mais continu des jours et des mois est tout à fait linéaire : les retours en arrière sont négligeables. Des mises au point périodiques scandent la succession chronologique : à la page 27 est nommée la brise de mai ; au début du chapitre V (p. 56) on apprend qu'on est en juin ; au début du chapitre VII, 22 pages plus loin, on est à la fin du même mois ; à la page 111, l'action se situe un soir de juillet, face à un « ciel d'où chaque jour la lumière se retirait plus tôt »... Le dernier point de repère signale que l'action est en train de s'achever au commencement d'août : « Le soleil, qu'il avait laissé en mai sur le rebord de la fenêtre, était devenu un soleil d'août, et ne dépassait plus le tronc satiné du tulipier, en face de la maison. « Comme l'été a vieilli » se dit Alain » (p. 138).

Entre le mariage (célébré une semaine après le début de l'action) et la rupture définitive, trois mois sont passés. Comme on peut le constater, les indications temporelles, loin de se réduire à des références purement arithmétiques, sont étoffées par des mentions ou des descriptions de phénomènes météorologiques ou végétaux liés au cycle des saisons. Ces données chronologiques sont un peu floues, d'où une certaine difficulté d'en déduire avec précision le rythme narratif : il reste que la vitesse du récit s'accroît nettement dans la partie consacrée au mois de juin (à peu près 13% des pages contre 33% pour mai) pour ralentir tout à fait dans les pages relatives à juillet (environ 54%). Bien sûr, il n'y a aucune preuve que les indications distribuées dans le texte désignent toujours le début ou la fin du mois et qu'elles soient séparées régulièrement par trente jours. De toute façon le nombre total des pages consacrées au seul premier mois est supérieur à celui qui concerne l'ensemble des deux autres. La détérioration du climat conjugal requiert une cadence plus ralentie, analytique et détaillée. En effet, environ 60% des pages consacrées à juillet (soit 31% du total) ne relatent que les deux demi-journées décisives de la crise finale.

Il est vrai que le flux temporel chez Colette n'est jamais véhiculé par le seul discours narratif. Le récit procède surtout par scènes, c'est-à-dire par séquences mixtes de dialogue et d'action correspondant à une courte durée d'histoire. Ces scènes peuvent témoigner des phases importantes de la vie des personnages ou préparer des développements ultérieurs. Souvent séparées par des ellipses, elles sont reliées par un tissu conjonctif assez mince, formé de rares segments narratifs ou de fréquents morceaux itératifs consacrés aux habitudes et aux événements répétés, qui font quand même avancer insensiblement le temps. Cette sorte de scansion est essentiellement théâtrale, puisque la progression dramatique est confiée à une suite de situations montrées et d'échanges verbaux. On y retrouve cette familiarité avec le langage scénique que Colette eut le temps de cultiver pendant sa longue expérience sur les planches, jusqu'à tirer de ses romans des pièces ou même des scénarios de films.

Quoiqu'il soit plus dramatique que narratif, le vecteur chronologique du roman conduit sans détour les personnages au dénouement, valorisant le temps comme facteur de transformation et de crise. Comme l'un des enjeux du personnage masculin est justement la neutralisation du temps, la structure formelle risque de démentir la dominante thématique, fondée sur un tel projet. Au niveau des actions la compensation est donnée alors par le retour définitif qui, ramenant Alain à son foyer d'origine, semble rétablir la situation de départ. Le parcours de la narration ressemble à une figure circulaire : mais puisque le temps s'est de toute façon écoulé, et que quelque chose est arrivé, la situation finale n'est pas évidemment identique à celle du début. Peut-être vaudrait-il mieux parler d'une spirale orientée vers le bas, puisqu'elle marque une régression.

C'est là le secret de la « monstruosité » que Camille impute à Alain, en retournant contre son mari la même accusation que celui-ci lui a adressée à la suite de sa tentative de meurtre. À la fin du roman, le jeune homme n'est plus le même qu'au début, puisqu'il semble renier la mentalité humaine, pour s'assimiler à l'insaisissable dimension des bêtes. S'agit-il d'une involution vers un stade inférieur ou d'une ascension vers une région plus élevée ? Ce nœud problématique dépasse les limites du roman *La Chatte* pour s'étendre à l'ensemble de l'imaginaire de Colette, aux replis les plus délicats et cachés de sa sensibilité et de son éthique, partagées entre nature et culture, spontanéité et artifice.

Techniques du récit

Il est d'autant plus difficile de juger avec objectivité du sens et de la qualité de l'itinéraire d'Alain que la narration adopte le plus souvent le point de vue de celui-ci. Les autres personnages, les événements, les décors sont perçus surtout à travers sa perspective, si l'on excepte le chapitre où Camille tente de tuer la chatte. Et si Camille suscite une certaine antipathie chez le lecteur, c'est qu'elle est présentée par le biais du regard et des rancunes d'Alain.

Mais Alain lui-même est vu et analysé par le narrateur, qui ne coïncide avec aucun personnage parce qu'il n'appartient pas à l'univers spatio-temporel du récit. Les compétences de ce narrateur impersonnel s'étendent à la présentation de tous les personnages et à toute l'histoire : une série assez touffue d'observations et d'évaluations proviennent de son savoir. C'est lui qui se charge des notations rétrospectives sur l'enfance d'Alain, et qui fournit un certain nombre d'informations sur les habitudes et le travail du personnage. C'est encore lui qui signale les tournants de l'histoire, lorsque par exemple il annonce le début de l'inconciliabilité entre les deux époux. C'est toujours lui qui, sans passer par le jugement d'Alain, glisse parfois de courts aperçus sur la personnalité de Camille, tels que par exemple : « La mélancolie passait rarement sur elle et ne lui venait que de la réticence secrète, ou d'un doute qu'elle n'exprimait pas » (pp. 70-71).

Toutefois le narrateur sait renoncer à son omniscience et se tenir à l'extérieur (ou presque) au moment où il se borne à décrire objectivement l'affrontement entre Camille et Saha qui débouche sur le meurtre manqué. Il sait d'ailleurs jouer avec les perspectives : dans la dernière séquence il montre Alain à travers les yeux de Camille qui s'éloigne, tandis que c'était toujours le contraire qui s'était passé jusqu'alors. Ce renversement d'optique est significatif, puisqu'il signale le renoncement ou l'impossibilité du narrateur à dire un phénomène indicible de mutation secrète et peut-être monstrueuse.

Il s'agit d'une preuve de discrétion d'autant plus frappante qu'en général le narrateur ne semble rencontrer aucune difficulté à pénétrer dans les pensées les plus secrètes d'Alain. Le plus souvent c'est lui qui mentionne ou décrit les sensations, les sentiments et les réflexions du héros. Mais il arrive fréquemment que la nature des pensées du jeune homme soit explicitée par des monologues ou des dialogues intérieurs. Les jugements et les questions d'Alain peuvent porter sur Camille : « Pourquoi est-ce que je la nommais une jeune fille indomptée ? se demandait Alain étonné » (p. 56) ; ou sur lui-même et ses états d'âme : « Qu'est-ce que j'ai ? Je voulais… Ah ! Oui, je voulais pleurer… » (p. 137).

Les prérogatives du narrateur dépassent le dosage du point de vue et l'observation des personnages pour s'étendre à des fonctions éminemment discursives de commentaire et de mise au point, susceptibles de mieux évaluer des situations, des actes, des attitudes. Il peut s'agir de comparaisons qui rattachent les comportements des personnages à des schèmes plus généraux : « Camille luttait contre la fatigue comme on lutte à dix-neuf ans […] » (p. 3) ; « Il pénétra dans le jardin en adolescent qui a découché » (p. 50). Dans d'autres passages, le discours du narrateur manifeste un savoir dont les personnages sont dépourvus : « […] et comme en songe il entendit des paroles qu'il n'avait pas encore appris à vingt-quatre ans à ne pas redouter » (p. 11). « Mais elle ne pouvait pas comprendre que l'humeur sensuelle de l'homme est une saison brève, dont le retour incertain n'est jamais un recommencement » (p. 102).

Ces sentences implicites, habituelles chez Colette mais somme toute assez rares dans *La Chatte*, signalent une expérience du monde et des êtres où, derrière la voix du narrateur, perce celle de l'auteur, qui se veut dépositaire d'une sagesse acquise à travers la multiplicité de ses expériences esthétiques et humaines.

L'écriture et le monde sensible

Mais le sens général de l'œuvre et le déroulement de l'intrigue ne dépendent ni de réflexions abstraites ni de commentaires explicatifs. L'analyse des personnages, loin de ne viser que leur intelligence ou leur volonté, c'est-à-dire leur conscience lucide, explore la région de la sensibilité, des instincts, des perceptions, des sentiments inconscients ou inavoués. Cette attention à la sphère émotive s'étend au registre sensoriel et aux sources des sensations. Rares sont les écrivains qui ont su peindre comme Colette la texture visuelle, acoustique, olfactive, tactile du monde. Un critique a pu parler à juste titre d'une « écriture-corps [9] » de Colette. Dans *La Chatte* cette écriture si réceptive à la matérialité des choses et à la corporéité de l'être s'accorde parfaitement au noyau thématique de l'histoire, fondée sur la fidélité du héros à ce jardin chargé de lumière, de senteurs, de murmures, de brises.
On est frappé par la richesse et la finesse des notations chromatiques adaptées aux moindres nuances : c'est là une des caractéristiques les plus immédiates du texte colettien, dont on trouve dans *La Chatte* une véritable profusion. Dans le domaine visuel, la couleur définit l'objet beaucoup plus que la forme. Le répertoire des teintes et des jeux optiques est inépuisable. Les rapports mutuels qui s'établissent à l'intérieur de l'échelle des couleurs dégagent parfois des valeurs symboliques : d'où par exemple l'insistance sur la coexistence du noir et du blanc dans la physionomie et dans la mise de Camille. La richesse des données olfactives n'est pas moins variée : odeurs des êtres humains,

parfums des fleurs, de la végétation, de la terre. Dans ce domaine aussi, la teneur de la notation peut signaler le degré d'agrément ou de négativité de quelqu'un : il suffira de rappeler les remarques plutôt aigres d'Alain et des domestiques de Neuilly à propos (encore une fois) du parfum trop pénétrant de Camille.

Quant à la gamme des sons, elle est également très riche et diversifiée, qu'il s'agisse des voix, de leurs inflexions et tremblements, des notes éloignées d'instruments musicaux, des bruissements naturels, ou des miaulements (si expressifs !) de Saha. Les remarques explicitement tactiles sont moins fréquentes ; mais on ne peut omettre de souligner la prégnance des contacts respectifs d'Alain et de Camille avec la chatte. La caresse est un moyen de communication tacite et amoureuse entre le jeune homme et l'animal : « Sous ses pouces, Alain percevait les palpitations d'un petit cœur irrégulier et dur et aussi un ronronnement naissant, mal assuré. Il la posa sur une table de fer et la caressa » (p. 51). À l'inverse, il suffit qu'après l'assassinat manqué Camille effleure la tête de Saha, pour que celle-ci se révolte furieusement et qu'elle laisse comprendre le secret de ce qui s'est passé.

Cette extraordinaire polyphonie sensorielle se développe dans ses potentialités les plus raffinées quand Colette la déploie par rapport à la nature, entendue non seulement comme décor, environnement, toile de fond, mais aussi en tant que circulation de sève, réservoir perpétuel de vitalité, source de plénitude apaisante. Ce qui est extraordinaire dans *La Chatte*, c'est que dans un roman dont l'histoire se situe à Paris, la nature joue un rôle si important. Ce jardin paradisiaque représente un microcosme sans âge s'opposant à la modernité froide et impersonnelle de la grande ville, dont l'immeuble du Quart-de-Brie fournit un emblème éloquent.

Cet accord si parfait avec la nature n'admet pas de généralités ni d'imprécisions : il se traduit par un langage parfaitement adhérent à ses objets, caractérisé par l'exactitude du lexique. En vain chercherait-on une description ou une simple mention de végétaux ou d'animaux qui se borneraient à les évoquer comme « des plantes », « des fleurs », « des chiens » ou « des chats » : chaque exemplaire est évoqué par le nom de son espèce. À travers l'œuvre de Colette, ce sont un herbier et un bestiaire qui se constituent, s'appuyant sur un vocabulaire si ramifié que le lecteur le moins compétent en est souvent dérouté. Ce ne sont pas seulement des exhibitions de nomenclatures botaniques et zoologiques : il ne s'agit pas pour Colette de parler de la nature avec son propre langage, mais de parler à travers le langage de la nature. Mots, images, métaphores, descriptions, visent à retrouver cette expression essentielle et instinctive où il n'y aurait pas de décalage entre ce qu'on dit et ce qu'on veut dire, la forme et le contenu, le mot et la chose, la parole et le vécu : ce code perdu par les humains, dont la noblesse inaltérable et la beauté innée de Saha gardent le secret. C'est peut-être une exigence de ce genre qui inspirait, par-delà les circonstances, les expériences disparates de Colette surtout dans le domaine théâtral et gestuel : le mirage d'un langage universel, capable de rendre la totalité de l'être.

De l'accueil aux interprétations

L'accueil réservé à *La Chatte* fut excellent. Edmond Jaloux ne mesurait pas ses éloges quand il écrivait dans *L'Excelsior* du 5 juillet I933 : « Il faut le dire tout de suite : *La Chatte* est un chef-d'œuvre. Un chef-d'œuvre, comme nous en avons un certain nombre dans notre littérature, un chef-d'œuvre de concision, d'art, de perfection classique, avec le maximum de vérité, d'intelligence et de poésie ». Ce jugement toucha tellement Colette qu'elle répondit au critique : « [...] j'ai tant et tant de fois pensé à vous en écrivant *La Chatte*. On écrit toujours pour quelqu'un. Rarement pour quelques-uns. Jamais pour tout le monde[10] ». Et le 15 juillet 1933 Jaloux dans *Les Nouvelles Littéraires* parlait encore « des prodiges d'aisance, de vérité, de *rendu* », exaltant aussi « tout ce qui touche la psychologie, la connaissance du monde animal, l'art, la grâce unique » et allant jusqu'à comparer des observations de Colette sur « l'inconciliabilité » à « certaines façons de voir du grand Tolstoï ».

D'autres commentateurs soulignèrent l'intensité des projections reliant Colette à Saha et la superposition possible entre la mère de l'écrivain, la mythique Sido, et celle d'Alain. Ce dernier rapprochement émut Colette au point qu'elle crut devoir exprimer à celui qui l'avait fait, Jean Vignaud, sa gratitude pour avoir compris cette ressemblance si flatteuse : « Vous avez prononcé, vous avez écrit un nom magique, celui qui honore le mien, celui de « Sido ». C'est la récompense de ma vie longue [...] que de sentir parfois ma ressemblance avec une mère qui [...] fut une femme incomparable [11] ».

Dans le contexte d'une attention critique renouvelée et relancée ces dernières années à l'égard de toute l'œuvre et de la personnalité de Colette, *La Chatte* a été l'objet d'évaluations et d'interprétations très intéressantes de la part des spécialistes. Mieke Bal, qui a consacré un volume à ce roman, met en évidence dans un autre ouvrage portant sur la narratologie le rôle du point de vue dans les mécanismes du récit et la production du sens. Elle a montré comment le choix de la focalisation, qui passe surtout par la perspective d'Alain, pousse le lecteur à sympathiser avec celui-ci. On peut ainsi comprendre « certaines réactions des lecteurs, qui ont tendance à prendre violemment parti pour Alain contre Camille, parce qu'il ressemblerait à l'auteur du roman. Probablement ces lecteurs ont été sensibles, sans en être conscients, aux privilèges dont bénéficie ce personnage dans la présentation [12] ».

Du point de vue des rapports à l'intérieur du ménage, Marcelle Biolley-Godino a rattaché le conflit entre les deux époux de *La Chatte* à ce « complexe d'Omphale, qui caractérise plusieurs couples colettiens où l'élément fort est la femme exerçant, ou cherchant à exercer, une domination sur un partenaire plus faible, à la personnalité peu prononcée[13] ».

Quant au registre thématique, le désir indestructible d'un retour au lieu natal et d'une fusion avec la mère, si frustré dans les romans précédents, trouve dans *La Chatte*, selon M.-F. Berthu-Courtivron, une issue heureuse : « Dans ce nouveau roman, qui ouvre la série des vrais succès régressifs, la responsabilité de l'exil incombe désormais à une seule figure étrangère et la mère reste indemne. À l'espace natal unique et uniformément accueillant correspond le vrai retour soldé par un franc succès. Délivré de l'angoisse et rétabli dans son identité natale, le protagoniste peut concentrer sa lutte contre les forces du mal, clairement identifiées[14] ». Ce roman est ainsi plongé par le critique dans le courant général de la sensibilité et de l'imagination colettiennes dont il se révèle une des expressions les plus exemplaires, denses et subtiles, malgré l'apparente simplicité du récit.

Gianfranco Rubino

Notes :

1. SIDO, *Lettres à sa fille*, Paris, Des Femmes, 1984, p.222.
2. Cf. Notice à *La Chatte*, dans COLETTE, *Œuvres*, Paris, Gallimard, « Bibliothèque de la Pléiade » 1991, t. III, pp. 1631-1632.
3. N. FERRIER-CAVERIVIÈRE, Préface à COLETTE, *La Chatte*, Paris, Librairie Générale Française, 1992, p. XIII.
4. N. FERRIER-CAVERIVIÈRE, Préface à *La Chatte*, cit., p. XII.
5. COLETTE, *Œuvres*, éd. cit., p. 705.
6. COLETTE, *Œuvres*, éd. cit., p. 706.
7. COLETTE, *Œuvres*, éd. cit., t. II, 1986, p. 12.
8. M.-F. BERTHU-COURTIVRON, *Espace, demeure, écriture*. La maison natale dans l'œuvre de Colette, Paris, Librairie Nizet, 1992, p. 106.
9. C. BOUSTANI, *L'Écriture-corps chez Colette*, Villenave- D'Ornon, « Bibliothèque d'études féminines », Éditions Fus-Art, 1993.
10. COLETTE, *Lettres à ses pairs*, Paris, Flammarion, 1973, p. 304.
11. COLETTE, *Lettres à ses pairs*, cit., p. 365.
12. N. BAL, *Narratologie*, Paris, Klincksieck, 1977, p. 44.
13. M. BIOLLEY-GODINO, *L'Homme-objet chez Colette*, Paris, Klincksieck, 1972, p. 84.
14. M.-F. BERTHU-COURTIVRON, *Espace, demeure, écriture*, cit., p. 191.

Colette au travail sous le regard de sa chatte.

Repères Chronologiques

Vie et œuvre de Colette

1873	28 janvier : naissance de Sidonie Gabrielle COLETTE à Saint-Sauveur-en-Puisaye, dans l'Yonne, fille de Joseph-Jules COLETTE et de Sidonie LANDOYE (dans ses futurs ouvrages, surtout ceux plus autobiographiques, Colette appellera sa mère « Sido » et se souviendra du jardin qui entourait sa maison natale).
1879	
1880	
1885	
1889	Après l'obtention du brevet élémentaire et du certificat d'études primaires supérieures, elle cesse ses études.
1890	
1891	
1893	Mariage avec Gauthier-Villars dit Willy, journaliste qui publie des romans dits « légers » qu'il fait écrire par d'autres. Il fait connaître à Colette le Tout-Paris littéraire, musical et politique : A. France, Proust, Anna de Noailles, D'Annunzio, Ravel, Clemenceau, Jaurès, Blum.
1895	
1898	

Contexte historique et culturel

Rimbaud : *Une saison en enfer.*

Zola : *Nana.*

Mort de Flaubert. Loi de Jules Ferry rendant l'enseignement primaire obligatoire.

Maupassant : *Bel ami* ; Zola : *Germinal.* Mort de Hugo.

Ouverture de l'Exposition Universelle de Paris – La Tour Eiffel est achevée.

Zola : *La Bête humaine.* Ouverture du Casino de Paris.

Mort de Rimbaud.

Mort de Maupassant. Mallarmé : *Vers et Prose.*

Présentation du 1er appareil cinématographique par les Frères Lumière. Peugeot fait circuler une voiture automobile sur pneumatiques.

Lettre ouverte d'Émile Zola : « J'accuse » dans le quotidien *L'Aurore*, en défense du Capitaine Dreyfus, victime d'une campagne antisémite.

Vie et œuvre de Colette

1900	Publication de *Claudine à l'école*. Les autres *Claudine* et les deux *Minne* paraîtront d'abord sous le seul nom de Willy, puis sous les noms de « Willy et Colette Willy ». Actuellement seul figure le nom de Colette.
1901	*Claudine à Paris*.
1902	*Claudine en ménage*.
1903	*Claudine s'en va*.
1904	*Minne* (sous la signature de Willy) : *Dialogues de bêtes* (sous le nom de Colette Willy).
1905	*Les égarements de Minne* (signature de Willy).
1906	Débuts publics d'actrice au théâtre (pantomime). Willy et Colette se séparent. Elle vit avec Missy, fille du Duc de Morny, actrice.
1907	Fait scandale au Moulin-Rouge dans le spectacle « Rêve d'Égypte ». *La Retraite sentimentale* (signée Colette Willy).
1908	*Les Vrilles de la vigne*. Joue le rôle de Claudine à Bruxelles.
1909	*L'Ingénue libertine* (refonte des deux *Minne*). Danseuse dans une pièce, et actrice dans une autre qu'elle a écrite.
1910	*La Vagabonde*, récit autobiographique. Collabore au *Matin* dont Henry de Jouvenel est rédacteur en chef.
1911	
1912	Mort de sa mère, Sido. Épouse Henry de Jouvenel, qui fera une carrière politique et diplomatique (ambassadeur à Rome en 1933 pour tenter un rapprochement avec l'Italie de Mussolini).

Contexte historique et culturel

Exposition universelle. Sigmund Freud : *L'interprétation des rêves*.

Première à Paris de *Claudine à Paris*, comédie en trois actes interprétée par l'actrice Polaire. Gide : *L'Immoraliste*. Téléphonie sans fil. Mort de Zola.

Ouverture du Moulin-Rouge, transformé en music-hall.

Promulgation de la loi de séparation de l'Église et de l'État. Sigmund Freud : *Trois essais sur la sexualité*.

Dreyfus réhabilité, réintègre l'armée.

Picasso peint *Les Demoiselles d'Avignon*.

J. Romains : *La Vie unanime*.

Gide : *La Porte étroite*. Les Ballets russes au Châtelet.

D'Annunzio et Debussy : *Le Martyre de Saint Sébastien*. Prix Nobel de Chimie à Marie Curie. Ouverture de nombreuses salles de cinéma.

Cinéma : *La Dame aux camélias* avec Sarah Bernhardt. Protectorat français sur le Maroc.

Vie et œuvre de Colette

1913	Naissance de sa fille Colette de Jouvenel, surnommée Bel-Gazou. *L'Envers du musi-hall* ; *L'Entrave.*
1914	
1915	Reporter pour *Le Matin*, séjourne dans plusieurs villes italiennes.
1916	*La paix chez les bêtes.*
1917	Chroniques de cinéma pour la revue *Film Les heures longues.*
1918	Sortie du film tiré de la *Vagabonde*, avec l'actrice Musidora. Critiques dramatiques pour le Journal l'*Éclair*.
1919	*Mitsou ou Comment l'esprit vient aux jeunes filles.*
1920	Nommée Chevalier de la Légion d'honneur. *Chéri*, roman ; *La Chambre éclairée*, nouvelles.
1921	Création de la pièce *Chéri* d'après le roman.
1922	*La maison de Claudine* ; *Le Voyage égoïste.*
1923	*Le Blé en herbe*. Colette signe enfin son nom seul. Donne des conférences en France sur *L'homme chez la bête.*
1924	*La Femme cachée* (nouvelle). Conférences sur le théâtre. Articles pour le *Figaro*, puis le *Quotidien.*
1925	Divorce d'avec Jouvenel. Tournées théâtrales avec *Chéri* (joue le rôle de Léa).
1926	*La fin de Chéri*. Vivra désormais avec Maurice Goudeket (1889-1977). Achète une villa à Saint-Tropez, « La treille muscate ». Tournées théâtrales avec *La Vagabonde* (rôle de Renée Nérée).

Contexte historique et culturel

Proust : *Du côté de chez Swann* ; Apollinaire : *Alcools* ; Alain-Fournier : *Le Grand Meaulnes.*

Attentat de Sarajevo. Assassinat de Jaurès. L'Allemagne déclare la guerre à la France (1ère guerre mondiale).

Entrée en guerre de l'Italie contre l'Autriche-Hongrie.

Barbusse : *Le Feu.*

Valéry : *La Jeune Parque.* L'espionne Mata-Hari est fusillée. En Russie, Lénine et Trotski s'emparent du pouvoir.

11 novembre : signature de l'Armistice et fin de la guerre. Mort d'Apollinaire et de Debussy.

Proust : *À l'ombre des jeunes filles en fleurs*, Prix Goncourt. Gide : *La Symphonie pastorale.*

Apparition des chemises noires en Italie (Mussolini fonde le parti fasciste) et des chemises brunes en Allemagne. Proust : *Le côté de Guermantes I.*

Proust : *Le côté de Guermantes II, Sodome et Gomorrhe I.*

Mort de Proust. En Italie, Mussolini prend le pouvoir.

Radiguet : *Le Diable au corps* ; J. Romains : *Knock.*

Premier Manifeste du Surréalisme.

L'Enfant et les sortilèges, féerie, ballet, musique de Ravel, livret de Colette.

Aragon : *Le Paysan de Paris* ; Éluard : *Capitale de la douleur* ; Bernanos : *Sous le soleil de Satan.*

Vie et œuvre de Colette

1927	
1928	*La Naissance du jour.*
1929	*La Seconde* ; *Sido ou les points cardinaux.*
1930	Réédition de *Sido*, augmentée de deux parties. Traductions en anglais des *Claudine* et de *Mitsou*.
1931	Collabore au film parlant tiré de *La Vagabonde*. Tournées de conférences en Autriche, Roumanie, Afrique du Nord.
1932	*Ces Plaisirs* (reparaîtront en 1941 sous le titre : *Le Pur et l'Impur*). Ouvre un institut de beauté. *Prisons et Paradis* (contient « *La treille muscate* »). Plusieurs conférences sur le théâtre et les produits de beauté.
1933	*La chatte* (d'abord publié en feuilleton dans *Marianne*). Écrit les dialogues du film *Lac-aux-Dames* (réalisé par Marc Allégret d'après le roman de Vicki Baum). Critique dramatique pour *Le Journal* (jusqu'en 1938).
1934	*Duo*. Scénario et dialogues du film *Divine* (réalisation de Ophüls).
1935	Élue à l'Académie Royale de langue et de littérature française de Belgique. Mariage avec Maurice Goudeket.
1936	*Mes apprentissages* (livre de souvenirs).
1937	*Bella-Vista* (nouvelles). Conférence : « Le Cœur et les Bêtes ».
1938	Écrit des articles pour *Paris-Soir*.

Contexte historique et culturel

Mauriac : *Thérèse Desqueyroux*.

Breton : *Nadja* ; Ravel : *Boléro* (musique).

Crise économique mondiale (krach de Wall Street). Au Casino de Paris, Mistinguett mène la nouvelle revue. Buñuel, Dali : *Un chien andalou* (film surréaliste).

Breton : *Second Manifeste du Surréalisme* ; Giono : *Regain*.

Ouverture de l'Exposition coloniale. Films de René Clair : *Le Million* et Jean Renoir : *La Chienne*.

Victoire du Front National socialiste en Allemagne. Céline : *Voyage au bout de la nuit* ; Cocteau : *Morceaux choisis* (poèmes).

Malraux : *La Condition humaine* (prix Goncourt). Hitler devient Chancelier du Reich.

Giono : *Le chant du monde* ; Cocteau : *La machine infernale*.

Giraudoux : *La guerre de Troie n'aura pas lieu* ; Renoir : *Le crime de M. Lange* (film).

Céline : *Mort à crédit* ; Montherlant : *Les Jeunes Filles*. Victoire du Front Populaire aux élection législatives ; institution des congés payés et de la semaine de quarante heures. Début de la guerre civile en Espagne.

Premier film en couleurs « naturelles » ; premières images de télévision au Palais de la Découverte. Picasso expose sa toile *Guernica*. Malraux : *L'Espoir*.

Sartre : *La Nausée*.

Vie et œuvre de Colette

1939	*Le Toutounier* suivi de *Duo*. Articles pour *Marie-Claire.*
1940	Exode chez sa fille en Corrèze. *Chambre d'hôtel.*
1941	*Journal à rebours* (autobiographique). *Julie de Carneilhan* (roman). Maurice Goudeket arrêté par les Allemands.
1942	*Gigi* (nouvelles). Une arthrite va l'immobiliser jusqu'à la fin de sa vie qu'elle passera allongée.
1943	*Le képi* (nouvelles).
1944	
1945	*Belles saisons*. Élue à l'Académie Goncourt.
1946	*L'Étoile Vesper.*
1947	
1948	*Pour un herbier* (édition illustrée par le peintre Dufy).
1949	*Le Fanal bleu.*
1951	Découvre Audrey Hepburn pour jouer *Gigi* à Broadway.
1953	Nommée Grand-officier de la Légion d'honneur.
1954	3 août : mort de Colette à 81 ans. Funérailles nationales. Après sa mort paraîtront d'autres textes et cinq recueils de lettres.

Contexte historique et culturel

Début de la Deuxième guerre mondiale (1939-1944 ; France, Angleterre, puis URSS et USA contre Allemagne et Italie). Film de Jean Renoir : *La Règle du jeu*.

Entrée des Allemands dans Paris. Pétain au gouvernement.

Arrestation à Paris de 5000 juifs étrangers.

Camus : *L'Étranger*.

Simone de Beauvoir : *L'Invitée* ; Sartre : *Les Mouches*.

Libération de Paris. Droit de vote accordé aux femmes.

Suicide de Hitler à Berlin ; Exécution de Mussolini en Italie.

Camus : *La Peste*.

Simone de Beauvoir : *Le Deuxième sexe*.

Camus : *L'Homme révolté*.

Beckett : *En attendant Godot* (théâtre).

Début de la guerre d'Algérie (Indépendance en 1962). Mort du peintre Matisse. Françoise Sagan : *Bonjour tristesse*.

Sido, la mère de Colette, sa plus chère confidente.

Colette et son premier mari, Willy Gauthier-Villars.

Henri de Jouvenel, rédacteur en chef du « Matin »,
le deuxième mari de Colette.

Colette et sa fille Bel-Gazou.

Colette et Maurice Gaoudeket, son troisième mari, sur la terrasse de l'Empire State Building à New York en 1935.

Colette à la fin de sa vie.

La Chatte

Ces symboles indiquent le début et la fin des passages enregistrés.

Chapitre I

Vers dix heures, les joueurs du poker familial donnaient des signes de lassitude [1]. Camille luttait contre la fatigue comme on lutte à dix-neuf ans, c'est-à-dire que par sursauts [2] elle redevenait fraîche et claire, puis elle baillait derrière ses mains jointes et reparaissait pâle, le menton blanc, les joues un peu noires sous leur poudre teintée d'ocre, et deux petites larmes dans le coin des yeux.

— Camille, tu devrais aller te coucher !

— À dix heures, maman, à dix heures ! Qui est-ce qui se couche à dix heures ?

Elle en appelait du regard à son fiancé, vaincu au fond d'un fauteuil.

— Laissez-le, dit une autre voix de mère. Ils ont encore sept jours à s'attendre. Ils sont un peu bêtes en ce moment-ci, ça se conçoit [3].

1. *Lassitude* (f.) : fatigue.
2. *Par sursauts* : par moments.
3. *Ça se conçoit* : ça ce comprend.

— Justement. Une heure de plus ou de moins... Camille, tu devrais venir te coucher. Et nous aussi. — Sept jours ! s'écria Camille. Mais nous sommes lundi ! Moi qui n'y pensais plus... Alain, viens, Alain !...

Elle jeta sa cigarette dans le jardin, en alluma une neuve, tria et battit les cartes du poker abandonné et les disposa cabalistiquement.

— Savoir si on l'aura, la voiture, le mignon roadster [1] des enfants, avant la cérémonie !... Regarde, Alain. Je ne le lui fais pas dire ! Il sort avec le voyage, et avec la nouvelle importante...

— Qui ?

— Le roadster, voyons !

Alain tourna la tête, sans soulever la nuque, vers la porte-fenêtre béante [2] d'où venait une douce odeur d'épinards et de foin frais, car on avait tondu les gazons [3] dans la journée. Le chèvrefeuille [4], qui drapait un grand arbre mort, apportait aussi le miel de ses premières fleurs. Un tintement cristallin annonça que les sirops de dix heures et l'eau fraîche entraient, sur les bras tremblants du vieil Émile, et Camille se leva pour emplir les verres.

Elle servit son fiancé le dernier, lui offrit le gobelet embué avec un sourire d'entente. Elle le regarda boire et se troubla brusquement à cause de la bouche qui pressait les bords du verre. Mais il se sentait si fatigué qu'il refusa de participer à ce trouble, et il ne fit que serrer un peu les doigts blancs, les ongles rouges qui lui reprenaient le gobelet vide.

— Tu viens déjeuner demain ? lui demanda-t-elle à mi-voix.

1. *Roadster* (m.) : voiture anglaise découverte à deux places.
2. *Béant* : grand ouvert.
3. *On avait tondu les gazons* (verbe *tondre*) : on avait coupé l'herbe du jardin.
4. *Chèvrefeuille* (m.) : arbuste dont les feuilles sont très parfumées.

— Demande-le aux cartes.

Camille recula, esquissa une mimique de clown :

— Pas charrier les Vingt-quatre heures ! Charrier couteaux en croix, charrier sous percés, charrier ciné parlant, Dieu le Père…

— Camille !

— Pardon, maman… Mais pas blaguer. Vingt-quatre heures ! [1] Lui bon petit type, noir gentil messager rapide, valet de pique toujours pressé…

— Pressé de quoi ?

— Mais de parler, voyons ! Songe, il porte les nouvelles des vingt-quatre heures qui suivent et même des deux jours. Si tu l'accompagnes de deux cartes de plus à sa droite et à sa gauche, il prédit sur la semaine qui vient…

Elle parlait vite, en grattant d'un ongle aigu, aux coins de sa bouche, deux petites bavures de fard rouge. Alain l'écoutait sans ennui et sans indulgence. Il la connaissait depuis plusieurs années, et la cotait à son prix [2] de jeune fille d'aujourd'hui. Il savait comme elle menait une voiture, un peu trop vite, un peu trop bien, l'œil à tout et dans sa bouche fleurie une grosse injure toute prête à l'adresse des taxis. Il savait qu'elle mentait sans rougir à la manière des enfants et des adolescents ; qu'elle était capable de tromper ses parents afin de rejoindre Alain, après le dîner, dans les « boîtes [3] » où ils dansaient ensemble ; mais ils n'y buvaient que des jus d'orange parce qu'Alain n'aimait pas l'alcool.

Avant leurs fiançailles officielles, elle lui avait livré, au soleil et dans l'ombre, ses lèvres prudemment essuyées, ses seins,

1. *Pas charrier* […] *pas blaguer. Vingt-quatre heures* : il ne faut pas se moquer, plaisanter avec la carte à jouer représentant le valet de pique car elle permet de prédire ce qui se passera le lendemain.
2. *Il la cotait à son prix* : il l'évaluait, la jugeait pour ce qu'elle valait.
3. *Boîte* (f.) : abréviation de boîte de nuit ; petit cabaret ouvert la nuit où l'on peut boire, danser ou écouter de la musique.

impersonnels et toujours prisonniers d'une double poche de tulle-dentelle, et de très belles jambes dans des bas sans défaut qu'elle achetait en cachette, des bas « comme Mistinguett [1], tu sais ? Attention à mes bas, Alain ! » Ses bas [2], ses jambes, voilà ce qu'elle avait de mieux...

« Elle est jolie », raisonnait Alain, « parce qu'aucun de ses traits n'est laid, qu'elle est régulièrement brune, et que le brillant de ses yeux s'accorde avec des cheveux propres, lavés souvent, gommés, et couleur de piano neuf... » Il n'ignorait pas non plus qu'elle pouvait être brusque, et inégale comme une rivière de montagne.

Elle parlait encore du roadster :

— Non, papa, non ! Pas question que je laisse le volant à Alain pendant notre traversée de la Suisse ! Il est trop distrait, — et puis au fond, il n'aime pas vraiment conduire, — je le connais, moi !

« Elle me connaît », répéta Alain en lui-même. « Peut-être qu'elle le croit. Moi aussi je lui ai dit vingt fois : « Je te connais, ma fille ! » Saha [3] aussi la connaît. Où est-elle, cette Saha ? »

Il chercha des yeux la chatte et s'arracha de son fauteuil, épaule après épaule, et les reins ensuite, et enfin le séant, et descendit mollement les cinq marches du perron [4].

Le jardin, vaste, entouré de jardins, exhalait dans la nuit la grasse odeur des terres à fleurs, nourries, provoquées sans cesse à la fertilité.

Depuis la naissance d'Alain, la maison avait peu changé.

1. *Mistinguett* (1875-1956) : actrice de music-hall, célèbre pour ses belles jambes.
2. *Bas* (m. pl.) : en nylon ils étaient encore rares dans les années 30 et faisaient un peu « osé ».
3. *Saha* : le nom de la chatte signifie « merci » en arabe.
4. *Perron* (m.) : marches menant à une plate-forme devant la porte d'entrée d'une villa.

« Une maison de fils unique », estimait Camille, qui ne cachait pas son dédain pour le toit en gâteau, pour les fenêtres du haut engagées dans l'ardoise, et pour certaines pâtisseries modestes, aux flancs des portes-fenêtres du rez-de-chaussée.

Le jardin, comme Camille, semblait mépriser la maison. De très grands arbres, d'où pleuvait la noire brindille calcinée qui choit de l'orme [1] en son vieil âge, la défendaient du voisin et du passant. Un peu plus loin sur un terrain à vendre, dans les cours d'un lycée, on eût pu retrouver, égarés par paires, les mêmes vieux ormes, reliquats d'une quadruple et princière avenue, vestiges d'un parc que le nouveau Neuilly [2] ravageait [3].

— Où es-tu, Alain ?

Camille l'appelait en haut du perron, mais par caprice il s'abstint de répondre et gagna des ténèbres plus sûres, en tâtant du pied le bord de la pelouse [4] tondue. Au haut du ciel siégeait une lune voilée, agrandie par la brume des premières journées tièdes. Un seul arbre, un peuplier à jeunes feuilles vernissées, recueillait la clarté lunaire et dégouttait d'autant de lueurs qu'une cascade. Un reflet d'argent s'élança d'un massif, coula comme un poisson contre les jambes d'Alain.

— Ah ! te voilà, Saha ! Je te cherche. Pourquoi n'es-tu pas venue à table ce soir ?

— Me-rrouin, répondit la chatte, me-rrouin…

— Comment, me-rrouin ? Et pourquoi me-rrouin ? Est-ce une manière de parler ?

1. *Orme* (m.) : arbre à feuilles dentelées pouvant atteindre 30 mètres.
2. *Le nouveau Neuilly* : petite ville à l'ouest de Paris devenue aujourd'hui un quartier de la capitale. Déjà en 1933 les nouvelles constructions remplaçaient les beaux parcs de cette zone résidentielle.
3. *Ravageait* (verbe *ravager*) : détruisait.
4. *Pelouse* (f.) : gazon (cf. n. 2 page 4).

— Me-rrouin, insista la chatte, me-rrouin…

Il caressa tendrement à tâtons la longue échine plus douce qu'un pelage de lièvre, rencontra sous sa main les petites narines fraîches, dilatées par le ronronnement [1] actif. C'est ma chatte… Ma chatte à moi. »

— Me-rrouin, disait tout bas la chatte. R…rrouin…

Un nouvel appel de Camille vint de la maison, et Saha disparut sous une haie [2] de fusains [3] taillés, noirs-verts comme la nuit.

— Alain !… On s'en va !…

Il courut vers le perron, accueilli par le rire de Camille.

— Je vois tes cheveux courir, criait-elle. C'est fou [4] d'être blond à ce point-là !

Il courut plus vite, franchit d'un saut les cinq marches et trouva Camille seule dans le salon.

— Les autres ? demanda-t-il à mi-voix.

— Vestiaire, dit-elle sur le même ton. Vestiaire et visite des « travaux ». Désolation générale. « Ça n'avance pas ! Ça ne sera jamais fini. » Ce qu'on s'en fout [5], nous deux ! Si on était malins, on le garderait pour nous, le studio [6] de Patrick. Patrick s'en refera un autre. Je m'en occupe, si tu veux ?

— Mais Patrick ne laissera le Quart-de-Brie [7] que pour t'être agréable.

1. *Ronronnement* (m.) : mot onomatopéique désignant le bruit émis par le chat quand il est content.
2. *Haie* (f.) : rangée d'arbustes servant de séparation.
3. *Fusain* (m.) : arbuste ornamental à feuilles sombres et luisantes.
4. *C'est fou* : c'est extraordinaire.
5. *Ce qu'on s'en fout* (argot) : qu'est-ce qu'on s'en moque, ça nous est égal.
6. *Studio* (m.) : mini appartement composé d'une seule pièce, cuisine, salle de bains.
7. *Quart-de-brie* : la forme du studio le fait ressembler à un morceau de fromage découpé en triangle.

— Naturellement ! On en profitera !

Elle rayonnait d'une immoralité exclusivement féminine, à laquelle Alain ne s'habituait pas. Mais il ne la reprit que sur sa manière de dire « on » à la place de « nous » et elle crut à un reproche tendre.

— Ça me viendra assez vite, l'habitude de dire « nous »...

Pour qu'il eût envie de l'embrasser, elle éteignit comme par jeu le plafonnier. L'unique lampe, allumée sur une table, projeta derrière la jeune fille une ombre nette et longue.

Camille, les bras levés et noués en anses derrière sa nuque, l'appelait du regard. Mais il n'avait d'yeux que pour l'ombre. « Qu'elle est belle sur le mur ! Juste assez étirée, juste comme je l'aimerais... »

Il s'assit pour les comparer l'une à l'autre. Flattée, Camille se cambra, tendit ses seins, et fit la bayadère [1], mais l'ombre savait ce jeu-là mieux qu'elle. Dénouant ses mains, la jeune fille marcha, précédée de l'ombre exemplaire. Arrivée à la porte-fenêtre béante, l'ombre bondit de côté et s'enfuit dans le jardin, sur le cailloutis rosé d'une allée, étreignant au passage, de ses deux longs bras, le peuplier couvert de gouttes de lune... « C'est dommage... », soupira Alain. Il se reprocha mollement ensuite son inclination à aimer, en Camille, une forme perfectionnée ou immobile de Camille, cette ombre, par exemple, un portrait, ou le vif souvenir qu'elle lui laissait de certaines heures, de certaines robes...

— Qu'est-ce que tu as, ce soir ? Viens m'aider à mettre ma cape [2], au moins...

Il fut choqué de ce que sous-entendait cet « au moins » et

1. *Fit la bayadère* : imita une danseuse indienne en bombant le torse (en cambrant les reins).

2. *Cape* (f.) : manteau sans manches.

aussi parce que Camille, en franchissant devant lui la porte qui menait au vestiaire et à l'office [1], avait haussé imperceptiblement les épaules. « Elle n'a pas besoin de hausser les épaules. La nature et l'habitude s'en chargent. Quand elle ne fait pas attention, son encolure la rend courtaude. Légèrement, légèrement courtaude. »

Dans le vestiaire, ils retrouvèrent la mère d'Alain, les parents de Camille, qui battaient la semelle [2], comme par le froid, sur le tapis de corde et y laissaient des empreintes couleur de neige sale.

La chatte, assise sur le rebord extérieur de la fenêtre, les regardait d'une manière inhospitalière, mais sans animosité. Alain imita sa patience et endura les manifestations du pessimisme rituel.

— Plus ça change…

— Ça n'a pour ainsi dire pas avancé depuis huit jours…

— Si vous voulez mon sentiment, ma chère amie, ce n'est pas quinze jours, c'est un mois — qu'est-ce que je dis, un mois ? — deux mois, pour que leur nid…

Au mot de « nid », Camille se jeta dans la paisible mêlée, si aigrement qu'Alain et Saha fermèrent les yeux.

— Mais puisque nous en avons pris notre parti [3] ! Et même que ça nous amuse de loger chez Patrick ! Et que ça arrange très bien Patrick qui n'a pas le rond [4], — pas d'argent, pardon, maman… Nos valises, et hop ! en plein ciel, au neuvième ! N'est-ce pas, Alain ? Il rouvrit les yeux, sourit dans le vague, et lui posa sur les épaules sa cape claire. Dans le miroir, en face

1. *Office* (f. ou m.) : partie d'une maison où les domestiques disposent ce qui est nécessaire au service de la table.
2. *Battaient la semelle* : battaient du pied par terre par impatience.
3. *Nous en avons pris notre parti* : nous nous sommes résignés à cette situation.
4. *Qui n'a pas le rond* (argot) : qui n'a pas d'argent.

d'eux, il reçut le regard de Camille, noir de reproche, qui ne l'attendrit pas. « Je ne l'ai pas embrassée sur la bouche pendant que nous étions seuls. Eh bien ! non, je ne l'ai pas embrassée sur la bouche, là ! Elle n'a pas eu son compte de baisers-sur-la-bouche[1] aujourd'hui. Elle a eu celui de midi moins le quart dans une allée du Bois[2], celui de deux heures après le café, celui de six heures et demie dans le jardin ; alors il lui manque celui de ce soir. Eh bien ! elle n'a qu'à le marquer sur le compte, si elle n'est pas contente... Qu'est-ce que j'ai ? Je suis fou de sommeil. Cette vie est idiote ; nous nous voyons mal et beaucoup trop. Lundi j'irai tout bonnement[3] au magasin, et... »

L'acidité chimique des pièces de soie neuve lui monta imaginairement aux narines. Mais le sourire impénétrable de M. Veuillet lui apparut comme en songe, et comme en songe il entendit des paroles qu'il n'avait pas encore appris, à vingt-quatre ans, à ne pas redouter : « Non, non, jeune ami, une nouvelle machine-comptable, qui coûte dix-sept mille francs, amortira-t-elle son prix de revient dans l'année ? Tout est là. Permettez au plus ancien collaborateur de votre pauvre père... » Et retrouvant dans le miroir l'image vindicative, les beaux yeux noirs qui l'épiaient, il enveloppa Camille de ses deux bras.

— Eh bien, Alain ?

— Oh ! ma chère, laissez-le ! Ces pauvres enfants...

Camille rougit et se dégagea, puis elle tendit sa joue à Alain avec une grâce si garçonnière et si fraternelle qu'il faillit se réfugier sur son épaule : « Me coucher, dormir... Oh ! bon Dieu, me coucher, dormir... »

1. *Elle n'a pas eu son compte de baisers* : elle n'a pas eu tous les baisers qui lui étaient dûs.

2. *Une allée du Bois* : il s'agit du Bois de Boulogne, un très grand parc à l'ouest de Paris, près de Neuilly.

3. *Tout bonnement* : tout simplement.

Du jardin vint la voix de la chatte :

— Me-rrouin… Rrr-rrrouin.

— Écoute la chatte ! Elle doit être en chasse [1], dit sereinement Camille. Saha ! Saha !

La chatte se tut.

— En chasse ? protesta Alain. Comment veux-tu ? D'abord nous sommes en mai. Et puis elle dit : « Me-rrouin ! »

— Alors ?

— Elle ne dirait pas me-rrouin si elle était en chasse ! Ce qu'elle dit là — et c'est même assez curieux — c'est l'avertissement, et presque le cri pour rassembler les petits.

— Seigneur ! s'écria Camille en levant les bras. Si Alain se met à interpréter la chatte, nous n'avons pas fini !

Elle descendit en sautant les marches, et, sous la tremblante main du vieil Émile, deux grosses planètes mauves, à l'ancienne mode, s'allumèrent dans le jardin.

Alain marchait avec Camille en avant. À la grille, il l'embrassa sous l'oreille, respira, sous un parfum qui la vieillissait, une bonne odeur de pain et de pelage sombre, et serra sous la cape les coudes nus de la jeune fille. Quand elle s'assit au volant, devant ses parents, il se sentit éveillé et gai.

— Saha ! Saha !

La chatte jaillit de l'ombre, presque sous ses pieds, courut quand il courut, le précéda à longues foulées [2]. Il la devinait sans la voir, elle fit irruption avant lui dans le hall et revint l'attendre en haut du perron. Le jabot [3] gonflé, les oreilles basses, elle le regardait accourir en le provoquant de ses yeux jaunes,

1. *Être en chasse* : en parlant des bêtes, être en chaleur.
2. *À longues foulées* : à grand pas.
3. *Jabot* (m.) : chez les oiseaux, poche formée par un renflement de l'œsophage. Il s'agit ici du cou de Saha.

profondément enchâssés [1], soupçonneux, fiers, maîtres d'eux-mêmes.

— Saha ! Saha !

Proféré d'une certaine manière, à mi-voix avec l'*h* fortement aspiré, son nom la rendait folle. Elle battit de la queue, bondit au milieu de la table de poker et de ses deux mains de chatte, grandes ouvertes, éparpilla les cartes du jeu.

— Cette chatte, cette chatte... dit la voix maternelle. Elle n'a aucune notion de l'hospitalité. Regarde comme elle se réjouit du départ de nos amis !

Alain jeta un éclat de rire enfantin, le rire qu'il gardait pour la maison et l'étroite intimité, qui ne franchissait pas la charmille [2] d'ormes ni la grille noire. Puis il bâilla frénétiquement.

— Mon Dieu, comme tu as l'air fatigué ! Est-il possible d'avoir l'air si fatigué quand on est heureux ? Il reste de l'orangeade. Non ! Alors nous pouvons monter... Laisse, Émile éteindra.

« Maman me parle comme si je relevais de maladie, ou comme si je recommençais une paratyphoïde... »

— Saha ! Saha ! Quel démon ! Alain, tu ne pourrais pas obtenir de cette chatte...

Par un chemin vertical connu d'elle, marqué sur la brocatelle [3] élimée [4], la chatte venait d'atteindre presque le plafond. Un instant elle imita le lézard gris, plaquée contre la muraille et les pattes écartées, puis elle feignit le vertige et risqua un petit appel maniéré.

Docilement, Alain vint se placer au-dessous d'elle, offrit ses

1. *Enchâssé* : enfoncé comme une pierre précieuse.
2. *Charmille* (f.) : allée plantée de grands arbres.
3. *Brocatelle* (f.) : étoffe de soie brochée à riches ornements.
4. *Élimé* : usé.

épaules, et Saha descendit collée au mur comme une goutte de pluie le long d'une vitre. Elle prit pied sur l'épaule d'Alain, et ils gagnèrent ensemble leur chambre à coucher.

Une longue grappe pendante de cytise, noire devant la fenêtre ouverte, devint une longue grappe jaune clair quand Alain alluma le plafonnier et la lampe de chevet. Il versa la chatte sur le lit en penchant l'épaule, et erra, de sa chambre à la salle de bains, inutilement, en homme que la fatigue empêche de se coucher.

Il se pencha sur le jardin, chercha d'un regard hostile l'amas blanc des « travaux » inachevés, ouvrit et ferma des tiroirs, des boîtes où dormaient ses véritables secrets : un dollar d'or, une bague chevalière [1], une breloque [2] d'agate pendue à la chaîne de montre de son père ; quelques graines rouges et noires provenant d'un balisier [3] exotique ; un chapelet de communiant en nacre ; un mince bracelet rompu, souvenir d'une jeune maîtresse orageuse qui avait passé vite et à grand bruit… Le reste de ses biens terrestres n'étaient que livres brochés [4] et reliés [5], lettres, photographies…

Il maniait rêveusement ces petites épaves brillantes et sans valeur comme la pierraille colorée qu'on trouve dans les nids des oiseaux pillards. « Il faut jeter tout cela… ou le laisser ici ? Je n'y tiens pas… Est-ce que j'y tiens ?… » Sa condition d'enfant unique l'attachait à tout ce qu'il n'avait jamais partagé, ni disputé.

1. *Bague chevalière* (f.) : bague dont la partie centrale est plate et gravée d'armoiries ou initiales.
2. *Breloque* (f.) : bijou fantaisie.
3. *Balisier* (m.) : plante originaire de l'Inde cultivée dans les pays chauds pour la production de féculents.
4. *Livres brochés* : dont les pages sont cousues.
5. *Reliés* : ayant une couverture résistante, en peau ou en toile.

Il vit son visage dans le miroir et s'irrita contre lui-même. « Mais couche-toi donc ! Tu es délabré, c'est honteux ! » dit-il au beau jeune homme blond. « On ne me trouve beau que parce que je suis blond. Brun, je serais affreux. » Il critiqua une fois de plus son nez un peu chevalin, sa joue longue. Mais une fois de plus il sourit pour se montrer ses dents, flatta de la main le pli naturel de ses cheveux blonds trop épais, et fut content de la nuance de ses yeux, d'un gris verdissant entre des cils foncés. Deux plis creusèrent les joues, de part et d'autre du sourire, l'œil recula, cerné de mauve. Une barbe rude et pâle, rasée le matin, grossissait déjà la lèvre. « Quelle gueule [1] ! je me fais pitié. Non, je me dégoûte. Ça, une figure de nuit de noces ?... » Au fond du miroir, Saha le dévisageait, de loin, gravement.

— Je viens, je viens !

Il se jeta sur le champ frais des draps, en ménageant la chatte. Il lui dédia rapidement quelques litanies rituelles qui convenaient aux grâces caractéristiques et aux vertus d'une chatte dite des Chartreux [2], pure de race, petite et parfaite.

— Mon petit ours à grosses joues... Fine-fine-fine chatte... Mon pigeon bleu... Démon couleur de perle...

Dès qu'il supprima la lumière, la chatte se mit à fouler délicatement la poitrine de son ami, perçant d'une seule griffe, à chaque foulée, la soie du pyjama et atteignant la peau juste assez pour qu'Alain endurât un plaisir anxieux.

— Encore sept jours, Saha... soupira-t-il.

Dans sept jours, sept nuits, une vie nouvelle, dans un gîte [3] nouveau, avec une jeune femme amoureuse et indomptée...

1. *Gueule* (f., argot) : tête, aspect, air.
2. *Chartreux* : race de chats à poil ras gris cendré.
3. *Gîte* (m.) : habitation.

Il caressa le pelage de la chatte, chaud et frais, fleurant le buis [1] taillé, le thuya, le gazon bien nourri. Elle ronronnait à pleine gorge, et dans l'ombre elle lui donna un baiser de chat, posant son nez humide, un instant, sous le nez d'Alain, entre les narines et la lèvre. Baiser immatériel, rapide, et qu'elle n'accordait que rarement…

— Ah ! Saha, nos nuits…

Les phares d'une voiture, dans la plus proche avenue, percèrent les feuillages de deux blancs rais [2] tournants. Sur le mur de la chambre passèrent les ombres agrandies du cytise, d'un tulipier [3] isolé au milieu d'une pelouse. Au-dessus de son visage Alain vit briller et s'éteindre le visage de Saha, couchée et l'œil dur.

— Ne me fais pas peur ! pria-t-il.

Car à la faveur du sommeil, il redevenait faible, chimérique, attardé dans les rets [4] d'une interminable et douce adolescence…

Il ferma les yeux, tandis que Saha, vigilante, suivait la ronde des signes qui s'ébattent, la lampe éteinte, autour des hommes endormis.

Il rêvait profusément, et descendait dans ses songes par étages. Au réveil, il ne racontait pas ses aventures nocturnes, jaloux d'un domaine qu'avaient agrandi une enfance délicate et mal dirigée, des séjours au lit pendant sa croissance brusque de long garçonnet filiforme.

Il aimait ses songes, qu'il cultivait, et n'eût pour rien au monde trahi les relais qui l'attendaient. À la première halte, alors qu'il entendait encore les klaxons sur l'avenue, il rencontra des

1. *Buis* (m.) : arbuste à petites feuilles persistantes employé en bordures dans les jardins.
2. *Rai* (m.) : rayon de lumière.
3. *Tulipier* (m.) : arbre originaire d'Amérique cultivé dans les parcs.
4. *Rets* (m.) : filet pour prendre des oiseaux, des poissons. Au figuré : piège, embûche.

visages tournoyants et extensibles, familiers, difformes, qu'il traversa comme il eût traversé, en saluant çà et là, une foule bénigne. Tournoyants, convexes, ils s'approchaient d'Alain en grossissant. Clairs sur un champ sombre, ils devenaient plus clairs encore, comme s'ils eussent reçu du dormeur lui-même la lumière. Pourvus d'un gros œil, ils évoluaient selon une giration aisée. Mais une volte sous-marine les rejetait au loin, dès qu'ils avaient touché une cloison invisible. Dans l'humide regard d'un monstre rond, dans la prunelle [1] d'une lune dodue [2] ou dans celle de l'archange égaré, chevelu de rayons, Alain reconnaissait la même expression, la même intention, qu'aucun d'eux n'avait encore traduite, et que l'Alain du rêve enregistrait avec sécurité : « Ils me la diront demain. »

Parfois ils périssaient en éclatant, s'éparpillaient en déchets faiblement lumineux. D'autres fois, ils n'existaient qu'en tant que main, bras, front, globe optique plein de pensées, poussière astrale de nez, de mentons, et toujours cet œil bombé, qui, juste au moment de s'expliquer, tournait et ne montrait plus que son autre face noire…

Alain endormi poursuivit, sous la garde de Saha, son naufrage quotidien, dépassa l'univers des figures convexes et des yeux, descendit au travers d'une zone de noir qui n'admettait qu'un noir puissant, varié indiciblement et comme composé de couleurs immergées, aux confins de laquelle il prit pied dans le rêve mûr, complet et bien formé.

Il heurta une limite qui rendit un grand bruit, pareil au son fourmillant et prolongé de la cymbale. Et il déboucha dans la ville du songe, parmi les passants, les habitants debout sur leurs

1. *Prunelle* (f.) : pupille de l'œil.

2. *Dodu* (familier) : gros, rond, bien en chair. Se dit en général d'un bébé.

seuils, les gardiens de square [1] couronnés d'or, et les figurants postés sur le passage d'Alain tout nu, armé d'une badine [2], extrêmement lucide et avisé : « Si je marche un peu vite, après avoir noué ma cravate d'une certaine manière, et surtout en sifflotant, il y a de grandes chances pour que personne ne s'aperçoive que je suis tout nu. » Il noua donc sa cravate en forme de cœur, et sifflota. « Ce n'est pas siffloter, ce que je fais là, c'est ronronner. Siffloter, c'est ainsi... » Mais il ronronnait encore. « Je ne suis pas au bout de mon rouleau [3]. Il s'agit, en somme et simplement, de franchir cette place inondée de soleil, de contourner le kiosque [4] où joue la musique militaire. C'est enfantin. Je m'élance, en faisant des sauts périlleux pour détourner l'attention, et je débarque dans la zone d'ombre... »

Mais il se sentit paralysé par le regard chaud et dangereux d'un figurant brun, au profil grec, perforé d'un grand œil de carpe [5]... « La zone d'ombre... la zone de l'ombre... » Deux longs bras d'ombre, gracieux et tout clapotants de feuilles de peuplier, accoururent au mot « ombre » et emportèrent Alain pour qu'il reposât, pendant l'heure la plus ambiguâ de la brève nuit, dans ce tombeau [6] provisoire où le vivant exilé soupire, se mouille de pleurs, lutte et succombe, et renaît sans mémoire avec le jour.

1. *Square* (m.) : mot anglais pour jardin public.
2. *Badine* (f.) : bâton mince et flexible.
3. *Je ne suis pas au bout de mon rouleau* : je n'ai pas encore fini.
4. *Kiosque* (m.) : petit pavillon dans un jardin public où se place l'orchestre.
5. *Carpe* (f.) : poisson d'eau douce.
6. *Tombeau* (m.) : lieu où l'on ensevelit les morts.

Chapitre I

I. Cadre spatio-temporel

1. Quels sont les différents types de lieux qui sont nommés dans ce chapitre ?
Lesquels ont droit à une description détaillée ?

2. La maison et le jardin : en quoi sont-ils unis et différents ?
Entre les deux, le perron : pourquoi est-ce un lieu privilégié dans ce premier chapitre ? Notez les différents passages qu'y fait chacun des personnages.

3. Quels sont les habitants permanents de la maison ? Pourquoi dit-on que c'est une maison « natale ». En quoi est-ce « La » maison natale par excellence ? (cf. aussi biographie de Colette et introduction).

4. Situation de la maison natale : quels rapports entretient-elle avec l'environnement urbain et végétal ?
À quoi reconnaissez-vous qu'elle est située dans un environnement bourgeois résidentiel ?
Cherchez sur un plan de Paris où se trouve Neuilly.

5. Le jardin est un lieu de vie et de prolifération. Nommez les plantes et les arbres qui le composent et l'effet de personnification de certains éléments naturels.

6. « Les travaux », le « nid » : comment sont-ils situés par rapport à la maison natale et au jardin ?
En quoi leur destination pourra-t-elle jouer un rôle important pour l'intrigue (ou pour l'avenir des personnages principaux) ?

7. À quel moment de la journée se déroule cette première « scène » ? De quel événement important est-elle le prélude ?

II. Personnages

1. Faites la liste des différents personnages nommés dans ce chapitre en précisant les liens (de parenté ou autres) qui les unissent et en détachant les personnages principaux des personnages secondaires. Pourquoi certains ont-ils un nom et d'autres non ?

2. Camille – comme Claude ou Dominique – est un prénom qui désigne en français indifféremment une fille ou un garçon. À partir de cette ambiguïté, relevez les traits de Camille plus spécifiquement « masculins ».

3. Dégagez de l'ensemble du chapitre les traits physiques qui caractérisent Camille, Alain et la chatte.
Quelles sont les parties du corps qui sont le plus souvent mises en évidence pour chacun d'eux ?

4. Alain est « beau », Camille « jolie », la chatte « parfaite ». Ces trois adjectifs sont-ils justifiés dans le texte ? Comment ? Par qui ?

5. À chaque personnage correspond une gamme de couleurs ou de teintes. En les relevant, montrez ce qui oppose Camille à Alain et Saha.

6. Les personnages sont décrits aussi à travers leurs mouvements et leurs paroles : qu'est-ce qui oppose Alain et Camille dans leurs façons de bouger et de parler ?

7. Quel âge ont Alain et Camille ? Comment est caractérisée chez chacun d'eux la jeunesse (comportements, gestes, rapports aux parents, façon de parler, aspect physique) ?
Ils ont pourtant chacun une façon opposée d'assumer leur âge : montrez comment Camille lutte pour échapper à cette condition alors qu'Alain hésite à abandonner sa « douce adolescence ».

8. Camille est une « jeune fille d'aujourd'hui » : quels sont les traits qui caractérisent son comportement émancipé (n'oubliez pas que ce roman a été écrit en 1933 !) ?

9. La « modernité » de Camille, c'est aussi sa capacité à se projeter sans cesse dans le futur et à vouloir profiter de chaque moment du présent. Relevez dans le texte les passages justifiant ces deux mouvements.

10. Montrez qu'Alain, en revanche, est inquiet de l'avenir et attaché à des valeurs du passé.

11. Si Camille lutte contre le sommeil, Alain lui accorde au contraire un temps et une valeur qui peuvent sembler démesurés. Analysez comment est progressivement amenée la dernière partie de ce premier chapitre : le rêve d'Alain.

12. La chatte – Saha – est un personnage essentiel dans le roman (cf. le titre du livre). Quels rapports entretient-elle avec le cadre (le jardin, la maison), et chacun des personnages principaux (Alain, Camille) ?

III. Procédés narratifs

1. En quoi le premier chapitre constitue-t-il le début du roman ? Nommez les différents éléments qui donnent cet effet de début et dites ce qui constitue le départ de l'intrigue.

2. Une situation initiale va évoluer, à travers des situations intermédiaires, jusqu'à une situation finale.
   Ce découpage ne vaut pas seulement pour l'étude de tout le roman mais aussi d'un chapitre. Retrouvez ces différentes étapes en soulignant plus particulièrement l'intérêt de la division – marquée par un espace blanc dans le texte – entre les pages 3 à 14 et 14 à 18.

3. Étudiez les entrées et sorties de scène de la chatte dans ce premier chapitre. Qu'est-ce qui les provoque et que signifient-elles ?

4. Le(s) rêve(s) d'Alain : étudiez comment dans cette fin de chapitre ce sont à la fois tous les rêves et un rêve d'Alain qui sont ici racontés (observez, entre autres, les changements de temps verbaux).
   Marquez les différentes étapes du ou des rêve(s) d'Alain et tentez d'en déduire ce que cela peut vous apprendre sur le personnage.

IV. À partir du texte...

1. La description des personnages : par qui sont-ils vus ? Différenciez, pour chacun des personnages, ce qui est le fait du narrateur et ce qui correspond au point de vue d'un personnage (sur un autre ou sur lui-même).

2. Dialogues et monologues : parfois les personnages se parlent (questions/réponses), parfois ils semblent parler tout seuls. Étudiez le rôle et la répartition dans le chapitre de ces attitudes verbales et dites de qui elles sont le fait.

3. Pourquoi les mots « nid » et « travaux » sont-ils écrits entre guillemets ?

4. Relevez les adjectifs qui se rapportent aux aspects du monde sensible (sensations visuelles, olfactives, auditives, tactiles). Dites s'ils désignent une propriété générale de l'objet ou s'ils correspondent à une appréciation ou à un jugement personnel.

5. « Elle mentait sans rougir à la manière des enfants et des adolescents » : commentez cette « sentence ».

6. Distinguez les différents niveaux de langue orale selon que ce sont les parents, Camille ou Alain qui parlent.

7. Saha : à la page 13 on lit que « proféré d'une certaine manière, à mi-voix avec l'*h* fortement aspiré, son nom la [la chatte] rendait folle ». Essayez de prononcer le nom de la chatte en suivant ces indications (en imitant Alain) et dites ce que cela vous suggère.

8. Connaissez-vous d'autres noms de chats communément utilisés en français?

9. Racontez un de vos rêves en vous astreignant à employer la première personne du singulier et le présent de l'indicatif.

Chapitre II

Le soleil haut bordait la fenêtre quand Alain s'éveilla. La grappe jaune du cytise pendait, translucide, au-dessus de la tête de Saha, une Saha diurne, innocente et bleue, occupée à sa toilette.

— Saha !

— Me-rraing ! répondit la chatte avec éclat.

— Est-ce que c'est ma faute, si tu as faim ? Tu n'avais qu'à aller demander ton lait en bas, si tu es pressée.

Elle s'adoucit à la voix de son ami, répéta la même parole plus bas, montrant sa gueule [1] sanguine, plantée de canines [2] blanches. Sous le regard plein de loyal et exclusif amour, Alain s'alarma : « Mon Dieu, cette chatte… que faire de cette chatte… J'avais oublié que je me marie… Et la nécessité d'habiter chez Patrick… »

Il se tourna vers le portrait, serti d'acier [3] chromé, où Camille brillait comme baignée d'huile, une grande flaque-miroir sur ses

1. *Gueule* (f.) : bouche d'un animal carnassier (cf. n. 1 page 15).
2. *Canine* (f.) : dent pointue.
3. *Serti d'acier* : entouré d'une bordure d'acier.

cheveux, la bouche en émail vitrifié d'un noir d'encre, les yeux vastes entre deux palissades de cils.

— Beau travail de professionnel, grommela Alain.

Il ne se souvenait plus qu'il avait choisi lui-même, pour sa chambre, cette photographie qui ne ressemblait ni à Camille, ni à personne. « Cet œil... J'ai vu cet œil... »

Il prit un crayon et rétrécit légèrement l'œil, atténua l'excès de blanc et ne réussit qu'à gâter l'épreuve.

— Mouek mouek mouek... Ma-a-a-a... Ma-a-a-a... dit Saha, en s'adressant à un petit bombyx [1] prisonnier entre la vitre et le rideau de tulle.

Son menton léonin tremblait, et elle bégayait [2] de convoitise [3]. Alain cueillit le papillon entre deux doigts pour l'offrir à la chatte.

— Hors-d'œuvre, Saha !

Un râteau [4], dans le jardin, peignait nonchalamment le gravier. Alain vit en lui-même la main qui guidait le râteau, une main de femme vieillissante, main machinale, obstinée et douce, sous un gros gant blanc de gendarme...

— Bonjour, maman ! cria-t-il.

Une voix de loin lui donna une réponse, voix dont il n'écoutait pas les paroles, murmure affectueux, insignifiant et nécessaire... Il descendit en courant, la chatte aux talons [5]. Au grand jour, elle savait se changer en une sorte de chien turbulent, dégringoler bruyamment l'escalier, gagner le jardin

1. Bombyx (m.) : genre de papillon.
2. *Elle bégayait* (verbe *bégayer*) : elle articulait mal les mots, balbutiait, ici, elle faisait des mouvements avec les lèvres, comme en battant des dents.
3. *Convoitise* (f.) : désir immodéré de possession.
4. *Râteau* (m.) : instrument de jardinage avec un manche et des dents.
5. *La chatte aux talons* : derrière lui.

par sauts rudes et dépouillés de magie.

Elle s'assit sur la petite table du déjeuner, parmi les médailles de soleil, à côté du couvert d'Alain. Le râteau, qui s'était tu, reprit lentement sa tâche.

Alain versa le lait de Saha, y délaya [1] une pincée de sel et une pincée de sucre, puis se servit avec gravité. Quand il déjeunait seul, il n'avait pas à rougir de certains gestes élaborés par le vœu inconscient de l'âge maniaque, entre la quatrième et la septième année. Il pouvait librement aveugler de beurre tous les « yeux » du pain, et froncer le sourcil lorsque le niveau du café au lait, dans sa tasse, dépassait une cote de crue [2] marquée par certaine arabesque d'or. À la première tartine épaisse devait succéder une seconde tartine mince, tandis que la deuxième tasse réclamait un morceau de sucre supplémentaire… Enfin un tout petit Alain, dissimulé au fond d'un grand garçon blond et beau, attendait impatient que la fin du déjeuner lui permît de lécher en tous sens la cuiller du pot à miel, une vieille cuiller d'ivoire noircie et cartilagineuse.

« Camille, en ce moment, déjeune debout, en marchant. Elle mord à même une lame de jambon maigre, serrée entre deux biscottes, et dans une pomme d'Amérique. Et elle pose et oublie, de meuble en meuble, une tasse de thé sans sucre… »

Il leva les yeux sur son domaine d'enfant privilégié, qu'il chérissait et croyait connaître. Au-dessus de sa tête les vieux ormes, sévèrement taillés en charmilles, ne frémissaient que du bout de leurs jeunes feuilles. Un édredon de silènes roses, à margelle de myosotis [3], trônait sur une pelouse. L'arbre mort

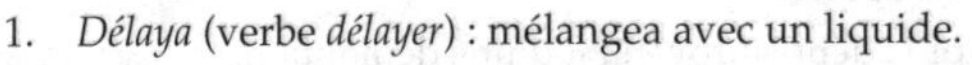

1. *Délaya* (verbe *délayer*) : mélangea avec un liquide.
2. *Cote de crue* : niveau indiquant la hauteur d'eau maximum d'un fleuve.
3. *Un édredon de silènes roses, à margelle de myosotis* : un épais tapis de fleurs roses encerclé par une bande de petites fleurs bleues.

laissait pendre de son coude décharné, une écharpe de polygonum [1] émue à chaque souffle, mêlée de clématites violettes à quatre pétales. Un des appareils d'arrosage, debout sur son pied unique, rouait [2] sur le gazon, ouvrant sa queue de paon blanc barrée d'un instable arc-en-ciel.

« Un si beau jardin... Un si beau jardin... », dit Alain tout bas. Il mesura, offensé, l'amas silencieux de gravats [3], de poutrelles et de plâtre en sacs qui déshonorait l'ouest de la maison. « Ah ! c'est dimanche, ils ne travaillent pas. Pour moi c'était dimanche toute la semaine... » Quoique jeune et capricieux, et choyé, il vivait selon le rythme commercial des six jours et *sentait* le dimanche.

Un pigeon blanc furtif bougea derrière les wégélias et les deutzias [4] à grappes rosées. « Ce n'est pas un pigeon, c'est la main gantée de maman. » Le gros gant blanc, à ras de terre, relevait une tige, pinçait des brins d'herbe folle crûs en une nuit. Deux verdiers [5], sur le gravier, vinrent cueillir les miettes du déjeuner, et Saha les suivit de l'œil sans s'échauffer. Mais une mésange [6], suspendue la tête en bas dans un orme, au-dessus de la table, appela la chatte par défi. Assise, les pattes jointes, son jabot de belle femme tendu et la tête en arrière, Saha tâchait de se vaincre, mais ses joues enflaient de fureur et ses petites narines se mouillaient.

— Aussi belle qu'un démon ! Plus belle qu'un démon, lui dit Alain.

1. *Polygonum* (m.) : plante verte tombante.
2. *Rouait* (verbe *rouer*) : tournait comme une roue (employé très rarement dans ce sens).
3. *Gravats* (m. pl.) : débris provenant d'une démolition.
4. *Wégelia et deutzia* (m.) : plantes grimpantes.
5. *Verdier* (m.) : oiseau des bois et des jardins de couleur verte.
6. *Mésange* (f.) : petit passereau insectivore.

Il voulut caresser le crâne large, habité d'une pensée féroce, et la chatte le mordit brusquement pour dépenser son courroux. Il regarda sur sa paume deux petites perles de sang, avec l'émoi [1] coléreux d'un homme que sa femelle a mordu en plein plaisir.

— Mauvaise… Mauvaise… Regarde ce que tu m'as fait…

Elle baissa le front, flaira le sang, et interrogea craintivement le visage de son ami. Elle savait comment l'égayer [2] et l'attendrir, et cueillit sur le napperon une biscotte qu'elle tint à la manière des écureuils.

La brise de mai passait sur eux, courbait un rosier jaune qui sentait l'ajonc [3] en fleur. Entre la chatte, le rosier, les mésanges par couples et les derniers hannetons [4], Alain goûta les moments qui échappent à la durée humaine, l'angoisse et l'illusion de s'égarer dans son enfance. Les ormes grandirent démesurément, l'allée élargie se perdit sous les arceaux d'une treille [5] défunte, et comme le dormeur hanté qui choit d'une tour, Alain reprit conscience de sa vingt-quatrième année.

« J'aurais dû dormir une heure de plus. Il n'est que neuf heures et demie. C'est dimanche. Hier aussi pour moi c'était dimanche. Trop de dimanches… Mais demain… »

Il sourit à Saha d'un air complice. « Demain, Saha, c'est l'essayage fini de la robe blanche. Sans moi. C'est une surprise… Camille est assez brune pour que le blanc l'embellisse… Pendant ce temps-là, je verrai la voiture. Ça fait un peu kiki, un peu

1. *Émoi* (m.) : trouble, émotion.
2. *Égayer* : rendre gai, content, joyeux.
3. *Ajonc* (m.) : arbrisseau à fleurs jaunes, à feuilles en épines acérées.
4. *Hanneton* (m.) : coléoptère dont la larve est nuisible pour les plantes.
5. *Treille* (f.) : pieds de vigne élevés sur une monture en métal qui laisse pendre les grappes de raisin.

radin [1], comme dit Camille, un roadster… Voilà ce qu'on gagne à être « des mariés si jeunes… »

D'un bond vertical, montant dans l'air comme un poisson vers la surface de l'eau, la chatte atteignit une piéride bordée de noir. Elle la mangea, toussa, recracha une aile, se lécha avec affectation. Le soleil jouait sur son pelage de chatte des Chartreux, mauve et bleuâtre comme la gorge des ramiers [2].

— Saha !

Elle tourna la tête et lui sourit sans détour.

— Mon petit puma ! bien-aimée chatte ! créature des cimes ! Comment vivras-tu si nous nous séparons ? Veux-tu que nous entrions tous deux dans les ordres ? Veux-tu… je ne sais pas, moi…

Elle l'écoutait, le regardait d'un air tendre et distrait, mais, à une inflexion plus tremblante de la voix amie, elle lui retira son regard.

— D'abord, tu viendras avec nous, tu ne détestes pas la voiture. Si nous avons le cabriolet [3] à la place du roadster, derrière les sièges il y a un rebord…

Il se tut et s'assombrit au souvenir récent d'une voix de jeune fille, vigoureuse, timbrée à souhait pour les appels en plein air, hardiment appuyée sur les grandes voyelles A et 0, qui savait rappeler les nombreux mérites du roadster. « Et puis quand on couche le pare-brise, Alain, c'est épatant, à pleins gaz on sent la peau des joues qui vous recule jusqu'aux oreilles… »

— Qui recule jusqu'aux oreilles, tu t'imagines, Saha ? Quelle horreur…

1. *Ça fait un peu kiki, un peu radin* (expressions équivalentes populaires ou argotiques) : ça ne fait pas très riche - parce que c'est une petite voiture.
2. *Ramier* (m.) : espèce de pigeon ou palombe.
3. *Cabriolet* (m.) : voiture décapotable à deux ou trois places.

Il serra les lèvres, fit une longue figure d'enfant buté [1], expert à la dissimulation.

« Ça n'est pas dit encore. Si j'aime mieux le cabriolet, moi ? Je pense que j'ai tout de même voix au chapitre ? »

Il toisa [2] le rosier jaune comme si ce fût la jeune fille à la belle voix. Derechef [3], l'allée s'élargit, les ormes montèrent, la treille morte ressuscita. Tapi contre les jupes de deux ou trois parentes, hautaines et le front dans les nues, un Alain enfant épiait une autre famille compacte, entre les blocs de laquelle brillait une fillette très brune, dont les larges yeux et les cheveux noirs en rouleaux rivalisaient d'éclat hostile et minéral. « Dis bonjour... Pourquoi ne veux-tu pas dire bonjour ?... » C'était une voix d'autrefois, affaiblie, conservée par des années d'enfance, d'adolescence, de collège, d'ennui militaire, de fausse gravité, de fausse compétence commerciale. Camille ne voulait pas dire bonjour. Elle suçait sa joue à l'intérieur de sa bouche et esquissait roidement la courte révérence des fillettes. « Maintenant, elle appelle ça la révérence à la tords-toi-le-pied. Mais quand elle est en colère, elle se mord encore le dedans de la joue. Et c'est curieux, dans ces moments-là, elle n'est pas laide. »

Il sourit et s'échauffa honnêtement sur sa fiancée, content en somme qu'elle fût saine, un peu banale dans la fougue sensuelle. À la face du matin innocent, il provoqua des images propres, tantôt à exciter sa vanité et sa hâte, tantôt à engendrer l'appréhension, voire le désarroi. En sortant de son trouble, il trouva le soleil trop blanc et le vent sec. La chatte avait disparu, mais dès qu'Alain se leva elle fut auprès de lui et l'accompagna, marchant d'un long pas de biche et évitant les grains ronds du

1. *Buté* : entêté, obstiné.
2. *Il toisa* (verbe *toiser*) : il regarda avec dédain.
3. *Derechef* : de nouveau ou immédiatement.

gravier rosé. Ils allèrent ensemble jusqu'aux « travaux », inspectèrent avec une hostilité égale le tas de gravats, une porte-fenêtre neuve, sans vitres, insérée dans un mur, des appareils d'hydrothérapie et des carreaux de faïence.

Pareillement offensés, ils supputaient [1] le dommage causé à leur passé et à leur présent. Un vieil if [2], arraché, mourrait très lentement, la tête en bas, sous sa chevelure de racines. « Jamais, jamais je n'aurais dû permettre cela », murmura Alain. « C'est une honte. Toi, Saha, tu ne le connais que depuis trois ans, cet if. Mais moi… »

Au fond du trou laissé par l'if, Saha flairait une taupe [3] dont l'image, sinon l'odeur, lui monta au cerveau.

Pendant une minute, elle s'oublia jusqu'à la frénésie, gratta comme un fox-terrier [4], se roula comme un lézard, sauta des quatre pattes comme un crapaud, couva une pelote de terre entre ses cuisses comme fait le rat des champs de l'œuf qu'il a volé, s'échappa du trou par une série de prodiges et se trouva assise sur le gazon, froide et prude et domptant son souffle.

Alain, grave, n'avait pas bougé. Il savait tenir son sérieux, quand les démons de Saha l'entraînaient hors d'elle-même. L'admiration et la compréhension du chat, il les portait innées en lui, rudiments qui lui donnèrent, par la suite, de traduire Saha avec facilité. Il la lisait comme un chef-d'œuvre, depuis le jour où, au sortir d'une exposition féline, Alain avait posé sur le gazon ras de Neuilly une petite chatte de cinq mois, achetée à cause de sa figure parfaite, à cause de sa précoce dignité, de sa

1. *Ils supputaient* (verbe *supputer*) : ils évaluaient.
2. *If* (m.) : arbre à feuillage persistant qui peut vivre plusieurs siècles.
3. *Taupe* (f.) : animal gros comme un rat vivant sous terre.
4. *Fox-terrier* (m.) : chien pouvant chasser les animaux habitant dans des terriers (sous la terre).

modestie sans espoir derrière les barreaux d'une cage.

— Pourquoi n'avez-vous pas acheté plutôt un angora ? demanda Camille…

« Elle me disait vous dans ce temps-là », songeait Alain. « Ce n'était pas seulement une petite chatte que j'apportais. C'étaient la noblesse féline, son désintéressement sans bornes, son savoir-vivre, ses affinités avec l'élite humaine… » Il rougit et s'excusa mentalement « Saha, l'élite, c'est ce qui te comprend le mieux… »

Il n'en était pourtant pas encore à penser « ressemblance » au lieu de « compréhension », car il appartenait à un milieu humain qui s'interdit de reconnaître et même de concevoir ses parentés animales. Mais à l'âge de convoiter une automobile, un voyage, une reliure rare, des skis, Alain n'en demeura pas moins le jeune-homme-qui-a-acheté-un-petit-chat. Son étroit univers en retentit, les employés de la Maison Amparat et Fils, rue des Petits-Champs , s'étonnèrent, et M. Veuillet s'enquit de la « petite bestiole »…

« Avant de t'avoir choisie, Saha, je n'aurais peut-être jamais su qu'on peut choisir. Pour le reste… Mon mariage contente tout le monde et Camille, et il y a des moments où il me contente aussi, mais… »

Il se leva du banc vert, prit le sourire important du fils Amparat qui épouse, condescendant, la petite des essoreuses [1] Malmert, « une jeune fille qui n'est pas tout à fait de notre bord », disait Mme Amparat. Mais Alain n'ignorait pas que les Machines-à-laver-Malmert, parlant entre eux des Amparat-de-la-soie, n'oubliaient pas de mentionner, en levant haut le menton : « Les Amparat ne sont plus dans la soie, la mère et le

1. *Essoreuse* (f.) : machine à laver rudimentaire qui servait à laver et à essorer le linge. Les premières machines à laver apparurent en 1920. Elles deviennent électriques dans la décennie 1920-1930. Les Malmert sont donc à l'avant-garde !

fils ont seulement conservé des intérêts dans la maison, et le fils n'y fait pas figure de[1] maître... »

Guérie de son extravagance, l'œil doux et doré, la chatte sembla attendre la reprise de la confidence mentale, du murmure télépathique vers lequel elle tendait son oreille ourlée d'argent.

« Tu n'es pas qu'un pur et étincelant esprit de chat, toi non plus », reprit Alain. « Ton premier séducteur, le matou blanc sans queue, rappelle-toi, ô ma laide, ô ma coureuse sous la pluie, ô ma dévergondée[2]... »

— Ce qu'elle est mauvaise mère, votre chatte ! s'écriait Camille, indignée. Elle n'y pense même plus, à ses petits qu'on lui a ôtés !

« Mais c'étaient des paroles de jeune fille », reprit Alain, défiant. « Les jeunes filles sont toujours bonnes mères, avant. »

Un coup de timbre[3] grave et rond tomba de haut de l'air tranquille, et Alain se leva d'un saut comme un coupable, au bruit du gravier[4] écrasé sous les roues.

« Camille ! Il est onze heures et demie... Bon Dieu !.. ».

Il croisait la veste de son pyjama, resserrait la ceinture d'une main si nerveuse qu'il se gourmanda[5] : « Allons, qu'est-ce que j'ai ? J'en verrai bien d'autres dans une semaine... Saha, tu viens à la rencontre ? »

Mais Saha avait disparu, et déjà Camille foulait, d'un talon hardi, le gazon. « Ah ! Elle est vraiment bien... » Un bond agréable de son sang lui serra la gorge, lui rougit les joues, et il

1. *Faire figure de...* : apparaître comme...
2. *Coureuse* (f.), *dévergondée* (f.) : femme de mœurs légères (au masculin : *coureur*).
3. *Coup de timbre* : sonnerie à la porte d'entrée.
4. *Gravier* (m.) : petits cailloux recouvrant une allée.
5. *Il se gourmanda* (verbe *se gourmander*) : il se réprimanda, se fit des reproches.

fut tout au spectacle de Camille en blanc, un petit pinceau noir de cheveux bien taillés sur les tempes, une mince cravate rouge au cou, et le même rouge sur sa bouche. Fardée avec art, avec modération, sa jeunesse ne devenait évidente qu'au bout d'un instant, et révélait la joue blanche sous l'ocre, la paupière sans pli sous un peu de poudre beige, autour du grand œil presque noir. Son diamant tout neuf à sa main gauche taillait la lumière en mille éclats colorés.

— Oh ! s'écria-t-elle, tu n'es pas prêt !… Par ce temps !…

Mais elle s'arrêta aux rudes cheveux blonds désordonnés, à la poitrine nue sous le pyjama, à la confusion qui colorait Alain, et tout son visage de jeune fille avoua si clairement la chaude indulgence d'une femme qu'Alain n'osa plus lui donner le baiser de midi moins le quart, celui du jardin ou du Bois.

— Embrasse-moi, supplia-t-elle tout bas, comme si elle lui demandait secours.

Gauche, inquiet, et mal défendu sous son pyjama léger, il désigna d'un signe les arbustes à grappes roses, d'où venait le bruit du sécateur [1] et du râteau, et Camille n'osa pas se jeter à son cou. Elle baissa les yeux, cueillit une feuille, ramena sur sa joue le pinceau lustré de ses cheveux, mais, au mouvement de son menton levé au battement de ses narines, Alain voyait qu'elle cherchait dans l'air, sauvagement, la fragrance d'un corps blond, à peine couvert, et dont il jugea secrètement qu'elle n'avait pas assez peur.

1. *Sécateur* (m.) : gros ciseaux de jardinage.

Chapitre II

I. Cadre spatio-temporel

1. Par rapport au chapitre précédent, à quel moment commence ce deuxième chapitre ? Quel est l'élément végétal qui sert de « jonction » entre les deux chapitres ?

2. Comment sont caractérisés le jour de la semaine et le mois de l'année où se situe le cadre de ce chapitre (activités, climat, lumière, végétation, animaux) ?

3. Le jardin : qu'est-ce qui fait son charme aux yeux d'Alain ? Montrez que chaque arbre même mort et chaque fleur semblent dotés d'une vie humaine.
Quels sont les animaux (exceptée la chatte) qui donnent aussi vie à ce « domaine d'enfant » ?

4. La magie du jardin (p. 27) : quelles sont les expressions ou réactions d'Alain qui évoquent un jardin de fable ?

5. Les « travaux » sont évoqués à deux reprises. À quoi sont-ils destinés ? En quoi est-ce qu'ils « déshonorent » la maison et « offensent » ses habitants ?

6. Comment est amené l'antagonisme jardin-travaux ? Pourquoi l'intégrité du monde natal est-elle menacée ?

II. Personnages

1. La mère d'Alain : elle n'apparaît pas tout entière. Quel est l'élément de son corps qui est vu et à quoi est-il comparé ? Montrez qu'elle se fond harmonieusement au décor végétal.

2. Il y a ici régression d'Alain vers son enfance : quels sont les moments ou les gestes liés à l'enfance qu'il évoque ou reproduit ?

3. Montrez comment Saha, la chatte, est l'alliée et la complice d'Alain dans son désir de protéger le cadre natal et de perpétuer les rites de l'enfance.

4. Quelles sont les expressions qui décrivent Alain et Saha comme un couple harmonieux et heureux ?

5. Tentez un classement de ce qui chez Saha tient de l'animal-chat et de ce qui l'identifie à une féminité féline.

6. La sensualité est un thème dominant de ce chapitre. Observez comment elle se manifeste chez chacun des protagonistes :
- la chatte, en parfaite symbiose avec l'élément naturel.
- Alain, prenant son petit déjeuner.
- Camille, devant la « nudité » d'Alain.

7. Comparez les traits moraux et physiques de Saha à ceux de Camille. De laquelle des deux Colette se sent-elle plus proche ? Dites quel est le point de vue adopté ici par l'auteur.

8. Au couple « idéal » Alain-Saha, s'oppose le couple « officiel » Alain-Camille. Pourquoi le premier est-il valorisé par Alain, alors que le second ne semble le satisfaire qu'à moitié ? (Comparez les verbes « choisir » et « contenter », p. 31) ?

9. En quoi la chatte représente-t-elle pour Alain un obstacle à son mariage et à son départ de la maison natale ?

III. Procédés narratifs

1. À l'inverse du chapitre précédent, on passe maintenant de la chambre au jardin, du lever d'Alain à l'arrivée de Camille. Observez comment, dans ce parallélisme, est en jeu le rapport que chacun entretient avec les lieux et avec l'autre.

2. Pourquoi l'arrivée de Camille, à la fin du chapitre, semble-t-elle une intrusion ? (Étudiez sa façon d'entrer et les réactions des autres personnages). Qu'est-ce qui a été rompu ?
Pourquoi, malgré sa tranquille assurance, Camille est-elle destinée à rester une « étrangère » ?

3. Alain, « le fils Amparat » est « dans la soie », tandis que Camille est « la petite des essoreuses Malmert ». En analysant le paragraphe pp. 31-32, expliquez ce qui différencie les deux familles.
Analysez et comparez « Amparat-de-la-soie » et « Machine-à-laver-Malmert » : quelles connotations sociologiques et quels jugements de valeur sont ici sous-entendus ?

4. Le monologue intérieur d'Alain s'élargit ici (p. 32) à la « confidence mentale », au « murmure télépathique ». Relevez tous les passages où Alain s'exprime ainsi et comparez-les aux passages au discours direct.

5. « Cet œil... j'ai vu cet œil » (p. 23). Que regarde Alain en prononçant cette phrase ? Où a-t-il déjà vu cet œil ? (Relisez le rêve qui clôt le chapitre précédent). Comment peut-on interpréter ce rapprochement ? Recherchez dans ce chapitre tous les passages où sont décrits les yeux (ou plutôt « l'œil ») de Camille et notez ce qui les caractérise.

IV. À partir du texte...

1. Le jardin décrit ici se trouve en banlieue parisienne, mais il rappelle aussi celui de l'enfance de Colette. Décrivez un jardin que vous connaissez (fleurs, arbres, paysage environnant) dans une région différente, méditerranéenne par exemple.

2. Voici la deuxième partie d'un poème de Baudelaire intitulé « Le Chat » :

De sa fourrure blonde et brune
Sort un parfum si doux, qu'un soir
J'en fus embaumé, pour l'avoir
Caressée une fois, rien qu'une.

C'est l'esprit familier du lieu ;
Il juge, il préside, il inspire
Toutes choses dans son empire ;
Peut-être est-il fée, est-il dieu ?

Quand mes yeux, vers ce chat que j'aime,
Tirés comme par un aimant,
Se retourne docilement,
Et que je regarde en moi-même,

Je vois avec étonnement
Le feu de ses prunelles pâles,
Clairs fanaux, vivantes opales,
Qui me contemplent fixement.

(Charles Baudelaire, *Les fleurs du mal*, Le Chat)

Après avoir dégagé ce qui pour le poète caractérise le chat, vous tenterez de composer à votre tour un petit poème en vous inspirant de la chatte Saha.

Chapitre III

À son réveil, il ne s'assit pas d'un bond [1] sur son lit. Hanté dans son sommeil par la chambre étrangère, il entrouvrit ses cils, éprouva que la ruse et la contrainte ne l'avaient pas tout à fait quitté pendant son sommeil, car son bras gauche étendu, délégué aux confins d'une steppe de toile, se tenait prêt à reconnaître, prêt aussi à repousser... Mais tout le vaste lit à sa gauche était vide et rafraîchi. N'étaient, en face du lit, l'angle à peine arrondi de la chambre à trois parois, et l'insolite obscurité verte, et la tige de clarté vive, jaune comme une canne d'ambre, qui séparait deux rideaux d'ombre raide, Alain se fût rendormi, bercé d'ailleurs par une petite chanson nègre [2] à bouche fermée.

Avec précaution, il tourna la tête, entrouvrit les yeux et vit, tantôt blanche et tantôt bleu clair selon qu'elle baignait dans l'étroit ruisseau de soleil ou qu'elle regagnait la pénombre, une jeune femme nue, un peigne à la main, la cigarette aux lèvres,

1. *D'un bond* : d'un seul coup.
2. *Chanson nègre* : sorte de berceuse pour enfants imitant les chansons des Noirs américains.

qui fredonnait [1]. « C'est du toupet [2] », pensa-t-il. « Toute nue ? Où se croit-elle ? »

Il reconnut les belles jambes qui lui étaient dès longtemps familières mais le ventre, raccourci par le nombril placé un peu bas, l'étonna. Une jeunesse impersonnelle sauvait la fesse musclée, et les seins étaient légers au-dessus des côtes visibles. « Elle a donc maigri ? » L'importance du dos, aussi large que la poitrine, choqua Alain. « Elle a le dos peuple... » Justement Camille s'accouda à l'une des fenêtres, bomba le dos et remonta les épaules. « Elle a un dos de femme de ménage. » Mais elle se redressa soudain, dansa deux enjambées, fit un geste charmant d'étreinte dans le vide. « Non, ce n'est pas vrai, elle est belle. Mais quelle... mais quel culot [3] ! Elle me croit mort ? Ou bien elle trouve tout naturel de se balader [4] toute nue ? Oh ! mais ça changera... »

Comme elle se tournait vers le lit, il referma les yeux. Quand il les rouvrit, Camille s'était assise devant la coiffeuse [5] qu'ils nommaient « la coiffeuse invisible », une planche translucide de beau cristal épais posé sur une armature d'acier noir. Elle poudra son visage, palpa du bout des doigts sa joue, son menton, et tout à coup sourit en détournant son regard avec une gravité et une lassitude qui désarmèrent Alain. « Elle est donc heureuse ?... Heureuse de quoi ? Je ne le mérite guère... Mais pourquoi est-elle nue ?... »

— Camille ! cria-t-il.

1. *Fredonnait* (verbe *fredonner*) : chantait à mi-voix, sans articuler les paroles.
2. *C'est du toupet* (familier) : c'est effronté, impudent.
3. *Culot* (m. populaire) : audace, effronterie.
4. *Se balader* (familier) : se promener.
5. *Coiffeuse* (f.) : table de toilette munie d'un miroir, devant laquelle les femmes se regardent, se coiffent.

Il croyait qu'elle allait fuir vers la salle de bains, croiser ses mains sur son sexe, voiler ses seins de quelque lingerie froissée ; mais elle accourut, se pencha sur le jeune homme couché, et lui apporta, blottie sous ses bras, réfugiée dans l'algue d'un bleu sombre qui fleurissait son petit ventre quelconque, sa vigoureuse odeur de brune.

— Mon chéri ! Tu as bien dormi ?

— Toute nue ! reprocha-t-il.

Elle agrandit comiquement ses grands yeux.

— Ben, et toi ?

Découvert jusqu'à la ceinture, il ne sut que répondre. Elle paradait [1] pour lui, si fière et si loin de la pudeur qu'il lui jeta, un peu rudement, le pyjama froissé qui gisait sur le lit.

— Vite, mets ça ! J'ai faim, moi !

— La mère Buque [2] est à son poste, tout marche et tout fonctionne !

Elle disparut et Alain voulut se lever, se vêtir, lisser ses cheveux mêlés, mais Camille revint ficelée dans un gros peignoir de bain neuf et trop long ; elle portait gaiement un plateau chargé.

— Quelle salade, mes enfants ! Y a un bol de cuisine, une tasse en pyrex [3], le sucre dans un couvercle de boîte… Tout ça se tassera [4]… Mon jambon est sec… Ces pêches chlorotiques, c'est des restes du lunch… La mère Buque est un peu perdue dans sa

1. *Elle paradait* (verbe *parader*) : elle marchait, évoluait d'une manière fière.
2. *La mère Buque* : façon familière de désigner la femme de ménage par son nom de famille.
3. *Pyrex* (m.) : nom déposé d'un verre peu fusible et très résistant, tout nouveau à cette époque.
4. *Tout ça se tassera* (verbe *se tasser* au sens figuré) : tout se calmera, rentrera dans l'ordre.

cuisine électrique[1]. Je lui apprendrai à remettre les plombs[2]... Et puis j'ai versé de l'eau dans les compartiments à glace du frigidaire[3]... Ah ! si je n'étais pas là !... Monsieur a son café très chaud et son lait bouillant, et son beurre raide... Non, ça c'est mon thé, ne touche pas ! Qu'est-ce que tu cherches ?

— Non, rien...

À cause de l'odeur du café, il cherchait Saha.

— Quelle heure est-il ?

— Enfin un mot tendre ! s'écria Camille. Très tôt, mon époux. J'ai vu huit heures un quart au réveil de la cuisine.

Ils mangèrent en riant fréquemment et en parlant peu.

À l'odeur croissante des rideaux de toile cirée verte, Alain devinait la force du soleil qui les échauffait, et il ne pouvait détacher sa pensée de ce soleil extérieur, de l'horizon étranger, des neuf étages vertigineux, de la bizarre architecture du Quart-de-Brie qui, pour un temps, les abritait.

Il écoutait Camille aussi bien qu'il le pouvait, touché qu'elle feignît l'oubli de ce qui s'était passé entre eux la nuit, qu'elle affectât l'expérience dans ce logis de hasard, et la désinvolture d'une vieille mariée de huit jours au moins. Depuis qu'elle était vêtue il cherchait comment lui témoigner sa gratitude. « Elle ne m'en veut ni de ce que je lui ai fait, ni de ce que je ne lui ai pas fait, pauvre petite... Enfin, le plus embêtant est passé. Est-ce souvent cet à-peu-près, cette meurtrissure, une première nuit ? Ce demi-succès, ce demi-désastre ... »

Cordialement, il lui passa son bras au cou et l'embrassa.

— Oh !... tu es gentil !...

1. *Cuisine électrique* : entre 1930 et 1935 les « cuisines-laboratoires » fonctionnant à l'électricité font leur apparition. Le studio est donc très moderne !

2. *Les plombs* : fils de plomb qui coupent le circuit électrique si l'intensité est trop forte.

3. *Frigidaire* (m.) : nom déposé pour réfrigérateur.

Elle avait crié si haut, d'un tel cœur qu'elle rougit, et il lui vit les yeux pleins de larmes. Mais courageusement elle fuit leur émotion et sauta du lit sous prétexte d'emporter le plateau. Elle courut vers les fenêtres, se prit le pied dans son peignoir trop long, jura un gros juron et se suspendit à un cordage de bateau. Les rideaux de toile cirée se replièrent. Paris avec sa banlieue, bleuâtres et sans bornes comme le désert, tachés de verdures encore claires, de verrières d'un bleu d'insecte, entrèrent d'un bond dans la chambre triangulaire, qui n'avait qu'une paroi de ciment, les deux autres étant de verre à mi-hauteur.

— C'est beau, dit Alain, à mi-voix.

Mais il mentait à demi et sa tempe cherchait l'appui d'une jeune épaule, d'où glissait le peignoir éponge. « Ce n'est pas un logis humain... Tout cet horizon chez soi, dans son lit... Et les jours de tempête ? Abandonnés au sommet d'un phare, parmi les albatros... »

Le bras de Camille, qui l'avait rejoint sur le lit, lui tenait le cou, et elle regardait sans peur tour à tour les vertigineuses limites de Paris et la blonde tête désordonnée. Sa fierté nouvelle, qui semblait faire crédit à la prochaine nuit, aux jours suivants, se contentait sans doute des licences d'aujourd'hui : fouler le lit commun, étayer, de l'épaule et de la hanche, un corps nu de jeune homme, s'habituer à sa couleur, à ses courbes, à ses offenses, appuyer avec assurance le regard sur les secs petits tétons [1], les reins qu'elle enviait, l'étrange motif du sexe capricieux...

Ils mordirent la même pêche insipide, et rirent en se montrant leurs belles dents mouillées, leurs gencives un peu pâles d'enfants fatigués.

— Cette journée d'hier !... soupira Camille. Quand on pense qu'il y a des gens qui se marient si souvent !...

1. *Téton* (m., familier) : sein.

La vanité lui revint, et elle ajouta :

— C'était d'ailleurs très bien. Aucun accroc [1]. N'est-ce pas ?

— Oui, dit Alain mollement.

— Oh ! toi... C'est comme ta mère ! Je veux dire que du moment qu'on n'abîmait pas le gazon de votre jardin, et qu'on ne jetait pas de mégots sur votre gravier, vous trouviez tout très bien. N'est-ce pas ? N'empêche que notre mariage aurait été plus joli à Neuilly. Seulement ça aurait dérangé la chatte sacro-sainte... Dis, méchant, dis ?... Qu'est-ce que tu regardes tout autour de toi ?

— Rien, dit-il sincèrement, puisqu'il n'y a rien à regarder. J'ai vu la coiffeuse, j'ai vu la chaise, — nous avons vu le lit...

— Tu ne vivrais pas ici ? Moi, je m'y plais bien. Songe, trois pièces, et trois terrasses ! Si on y restait ?

— On dit : « Si nous y restions ? »

— Alors pourquoi dis-tu : « On dit ? » Oui, si on y restait, comme *nous* disions ?

— Mais Patrick revient de sa croisière dans trois mois.

— La belle affaire ! Il revient. On lui explique qu'on veut rester. Et on le fout dehors.

— Oh !... Tu ferais ça ?

Elle secoua affirmativement sa huppe [2] noire, avec une rayonnante et féminine aisance dans la malhonnêteté. Alain voulut la regarder sévèrement, mais sous son regard Camille changea, devint craintive comme il se sentait craintif lui-même, alors il lui baisa la bouche précipitamment.

Muette, empressée, elle lui rendit le baiser en cherchant, d'un mouvement des reins, le creux du lit , en même temps sa main libre, qui serrait un noyau de pêche, tâtonnait dans l'air à la

1. *Accroc* (m.) : difficulté, problème, incident.

2. *Huppe* (f.) : touffe de plumes que certains oiseaux ont sur la tête ; ici désigne les cheveux de Camille courts et dressés.

rencontre d'une tasse vide ou d'un cendrier.

Penché sur elle, il attendit, en la flattant [1] de la main, que sa compagne eût rouvert les yeux.

Elle serrait ses cils sur deux petites larmes scintillantes qu'elle ne voulait pas laisser couler, il respecta cette discrétion et cette fierté. Ils avaient fait de leur mieux, elle et lui, en silence, aidés par la chaleur matinale, par leurs deux corps odorants et faciles.

Alain se souvenait du souffle accéléré de Camille et qu'elle avait fait preuve d'une chaude docilité, d'un zèle un peu intempestif, si agréable... Elle ne lui rappelait aucune femme ; il n'avait pensé, en la possédant pour la seconde fois, qu'aux ménagements [2] qu'elle méritait. Elle gisait contre lui, bras et jambes mollement pliés, les mains à demi fermées et féline pour la première fois. « Où est Saha ?... »

Machinalement [3], il esquissa, sur Camille, une caresse « pour Saha », les ongles promenés délicatement le long du ventre... Elle cria de saisissement [4] et raidit ses bras, dont l'un gifla Alain qui faillit lui rendre coup pour coup. Assise, l'œil hostile sous une huppe de cheveux dressés, Camille le menaçait du regard.

— Est-ce que tu serais vicieux, par hasard ?

Il n'attendait rien de pareil et éclata de rire.

— Il n'y a pas de quoi rire ! cria Camille. On m'a toujours dit que les hommes qui chatouillent les femmes sont des vicieux, et même des sadiques !

Il quitta le lit pour mieux rire, en oubliant qu'il était nu.

Camille se tut si brusquement qu'il se retourna et surprit son

1. *En flattant* (verbe *flatter*) : en caressant avec la main.
2. *Ménagement* (m.) : attention, égard.
3. *Machinalement* : d'un geste naturel et involontaire.
4. *Saisissement* (m.) : émotion forte et soudaine.

visage épanoui [1], ébahi [2], attentif à tout ce jeune homme qu'une nuit de mariage venait de lui donner.

— Je prends la salle de bains dix minutes, tu permets ?

Il ouvrit la porte de glaces, pratiquée à une des extrémités de la paroi la plus longue qu'ils nommaient l'hypoténuse.

— Et puis je passerai une minute chez ma mère.

— Oui… Tu ne veux pas que je t'accompagne ?

Il parut choqué et elle rougit pour la première fois de la journée.

— Je verrai si les travaux…

— Oh ! les travaux… Ils t'intéressent, toi, les travaux ? Avoue — elle croisa les bras en tragédienne — avoue que tu vas voir ma rivale !

— Saha n'est pas ta rivale, dit Alain simplement.

« Comment serait-elle ta rivale ? », poursuivit-il en lui-même. « Tu ne peux avoir de rivales que dans l'impur… »

— Je n'avais pas besoin d'une protestation aussi sérieuse, mon chéri. Va vite ! Tu n'oublies pas qu'on déjeune chez le père Léopold, en garçons [3] ? Enfin garçons ! Tu rentreras tôt ? Tu n'oublies pas qu'on rode [4] ? Tu m'entends ?…

Il entendait surtout que le mot « rentrer » prenait une signification nouvelle, saugrenue, peut-être inacceptable, et il regarda Camille de biais [5]. Elle arborait, revendiquait sa fatigue de jeune mariée, le gonflement léger de sa paupière inférieure sous l'angle ouvert du grand œil. « Auras-tu toujours, à toute

1. *Épanoui* : joyeux, radieux.
2. *Ébahi* : étonné, stupéfié.
3. *En garçons* : en célibataires ; Camille veut sans doute dire ici « sans les parents ».
4. *On rode* (verbe *roder*) : faire rouler une voiture neuve pour ajuster les pièces du moteur. Ne pas confondre avec *rôder* : marcher sans but précis, ça et là.
5. *De biais* : obliquement, sur le côté.

heure, dès que tu sors du sommeil, un si grand œil ? Ne sais-tu pas fermer les yeux à demi ? Cela me fait mal à la tête de voir des yeux si ouverts... »

Il trouvait un plaisir déshonnête, une commodité évasive à l'interpeller en lui-même. « C'est moins désobligeant [1] que la sincérité, en somme... » Il eut hâte d'atteindre la baignoire carrée, l'eau chaude, une solitude propice à la méditation. Mais comme la porte de miroirs ménagée dans l'hypoténuse le réfléchissait de la tête aux pieds, Alain l'ouvrit avec une lenteur complaisante, et ne se pressa pas de la refermer.

Pour sortir de l'appartement une heure après, il se trompa, déboucha sur l'une des terrasses qui bordaient le Quart-de-Brie, et reçut en plein visage le sec coup d'éventail du vent d'est qui bleuissait Paris, emportait les fumées et décapait au loin le Sacré-Cœur. Sur le parapet de ciment, cinq ou six vases, apportés par des mains bien intentionnées, contenaient des roses blanches, des hydrangéas [2], des lis souillés de leur pollen... « Ça n'est jamais joli, le dessert de la veille... » Pourtant il abrita du vent, avant de descendre, les fleurs malmenées.

1. *Désobligeant* : qui cause de la peine, une contrariété.
2. *Hydrangéa* (m.) : nom scientifique de l'hortensia.

Chapitre III

I. Cadre spatio-temporel

1. Relevez dans ce chapitre toutes les phrases, mots ou expressions qui rendent compte de la « bizarre architecture du Quart-de-Brie » (situation du studio dans l'immeuble, grandeur, forme des pièces, ouvertures sur l'extérieur, ameublement).
Justifiez le « nom » (ou surnom) que lui donne l'auteur.
Pourquoi est-ce un logement provisoire ?
Alain pense que « ce n'est pas un logis humain » (p. 42). Êtes-vous d'accord avec lui ? Justifiez votre réponse.

2. Le studio est entouré de terrasses. En quoi cette originalité architecturale rend-elle plus sensible encore l'opposition avec la maison natale d'Alain et son jardin ?

3. La « cuisine électrique » : que peut-on en déduire du style de l'appartement ?
Pourquoi est-ce la pièce où Camille se sent le plus à son aise ?

4. « La chambre étrangère » : quel point de vue l'auteur adopte-t-il ici ? Comment comprendre cet adjectif appliqué à une pièce (une chambre) par deux fois évoquée dans les deux chapitres précédents ?

5. Comme le chapitre précédent, celui-ci commence par le réveil d'Alain et se poursuit par le petit déjeuner.
En comparant ces deux « activités » privilégiées du personnage, soulignez ce qui les oppose radicalement d'un chapitre à l'autre.

6. Quel est l'événement important qui a eu lieu entre la fin du deuxième chapitre et le début du troisième ? Dans quels passages du texte y est-il fait allusion ?

7. Combien de temps environ (temps du récit) dure cette scène ?

II. Personnages

1. Relevez dans ce chapitre tous les termes ou expressions qui montrent qu'Alain est surtout spectateur-observateur (des lieux, des objets, de Camille, de lui-même).

2. Camille, en revanche, s'exhibe, agit, habite les lieux. Quels sont les passages du texte qui montrent qu'elle se sent parfaitement chez elle dans le Quart-de-Brie ?

3. L'intimité du jeune couple au lendemain de la nuit de noces est suggérée à plusieurs reprises. Quelques fausses notes semblent pourtant sur le point de rompre à tout moment une harmonie un peu artificielle. Observez à l'aide d'exemples ce double mouvement qui anime les deux personnages.

4. Que signifie la nudité de Camille et pourquoi choque-t-elle Alain ?

5. Passant du rire aux larmes, Camille fait cependant preuve de « discrétion » et de « fierté » (p. 44).
Quel jugement semble porter l'auteur sur la jeune femme ?

6. Alain, comme à son habitude, ne cesse de « l'interpeller en lui-même ». À quels aspects de la personnalité ou de la personne de Camille sont adressés les reproches – directs ou indirects – d'Alain ?

7. Bien qu'absente, la chatte est évoquée par deux fois dans le chapitre (pp. 44-45).
Camille a-t-elle raison de l'appeler sa « rivale » ? Comment comprenez-vous la réponse (intérieure) d'Alain : « Tu ne peux avoir de rivales que dans l'impur » ?

8. Comparez la réaction de Camille à la caresse d'Alain (p. 44) et celle d'Alain au geste de Saha (p. 26 chapitre II).

III. Procédés narratifs

1. Le mariage est exclu du jardin natal comme de la narration. Quelle(s) signification(s) peut-on donner à cette ellipse narrative ?

2. Il s'agit ici de l'unique chapitre du roman où la chatte n'est pas présente. Que pensez-vous qu'il va se passer par la suite ?

3. « Rester », « sortir », « rentrer », « accompagner ». Montrez comment ces verbes reflètent les mouvements et les désirs des deux personnages et qu'ils révèlent des projets de vie opposés.
Pourquoi le mot « rentrer » prend-il pour Alain « une signification nouvelle, saugrenue, peut-être inacceptable » (p. 45) ?

4. La matérialité physique des corps et des objets : relevez les traits les plus frappants en prenant garde aux effets et fonctions de l'éclairage (lumière et ombre).

IV. À partir du texte...

1. Après avoir relevé tous les termes soulignant la disposition ternaire et la géométrie triangulaire de l'appartement, essayez de le dessiner.

2. « Une rayonnante et féminine aisance dans la malhonnêteté » (p. 43) : commentez cette « sentence » peu féministe, écrite par une femme.

3. À partir du bref dialogue Alain-Camille (p. 43), expliquez l'emploi du « on » et du « nous » en français.

Chapitre IV

Il pénétra dans le jardin en adolescent qui a découché [1]. La capiteuse odeur des terreaux sous l'arrosage, la secrète vapeur d'immondices qui nourrit les fleurs grasses et coûteuses, les perles d'eau chassées par la brise, il les aspira d'une longue haleine et découvrit, dans le même moment, qu'il avait besoin d'être consolé.

— Saha ! Saha !

Elle ne vint qu'au bout d'un moment, et il ne reconnut pas tout de suite ce visage égaré [2], incrédule, comme voilé par un mauvais songe.

— Saha chérie !

Il la prit sur sa poitrine, lissant les doux flancs qui lui semblèrent un peu creux, et détacha, du pelage négligé, des soies d'araignée, des brindilles [3] de pin et d'orme… Elle se reprenait rapidement, ramenait sur ses traits, dans ses yeux d'or

1. *A découché* (verbe *découcher*) : a dormi hors de la maison familiale, conjugale.
2. *Égaré* : troublé, effaré, hagard.
3. *Brindille* (f.) : petit morceau de branche menue.

pur, une expression familière et la dignité du chat… Sous ses pouces, Alain percevait les palpitations d'un petit cœur irrégulier et dur et aussi un ronronnement naissant, mal assuré… Il la posa sur une table de fer et la caressa. Mais au moment de jeter, follement et pour la vie comme elle savait le faire, sa tête dans la main d'Alain, elle flaira cette main et recula d'un pas.

Il cherchait des yeux le pigeon blanc, la main gantée derrière les arbustes à grappes rosées, derrière les rhododendrons enflammés de fleurs. Il se réjouissait que la « cérémonie [1] » d'hier, respectant le beau jardin, eût ravagé seulement le logis de Camille.

« Ces gens, ici… Et ces quatre filles d'honneur en papier rose… Et les fleurs qu'elles auraient cueillies, et les deutzias sacrifiés aux corsages des grosses dames… Et Saha… »

Il cria, vers la maison :

— Est-ce que Saha a mangé et bu ? Elle a un drôle d'air… Je suis là, maman…

Sur le seuil du hall parut une lourde silhouette blanche, qui répondit de loin :

— Non, figure-toi [2]. Ni dîné, ni bu son lait ce matin. Je crois qu'elle t'attendait… Tu vas bien, mon petit ?

Il se tenait déférent devant sa mère, en bas du perron. Il remarqua qu'elle ne lui tendait pas la joue comme d'habitude, et qu'elle gardait ses mains contre sa ceinture, nouées l'une à l'autre. Il comprit et partagea, avec gêne et gratitude, cette pudeur maternelle. « Saha non plus ne m'a pas embrassé… »

— Car enfin, la chatte, elle t'a vu souvent partir. Elle prenait son parti de tes absences.

1. *La cérémonie* : il s'agit du mariage.
2. *Figure-toi* (verbe *se figurer*) : imagine-toi ; ici l'expression sert familièrement à renforcer le « non ».

« Mais j'allais moins loin », pensait-il. Près de lui, sur le guéridon [1] de fer, Saha but avidement son lait, comme une bête qui a beaucoup marché et peu dormi.

— Tu ne veux pas une tasse de lait chaud, Alain, toi aussi ? Une tartine ?

— J'ai déjeuné [2], maman... Nous avons déjeuné...

— Déjeuné... pas trop bien, je pense. Dans un pareil caravansérail !...

Alain sourit parce que sa mère disait toujours « caravansérail » pour « capharnaüm ». D'un œil d'exilé, il contempla la tasse à arabesque d'or, à côté de la soucoupe de Saha, puis le visage de sa mère, épaissi, aimable sous de gros cheveux crépelés, précocement blancs.

— Je ne t'ai pas demandé si ma nouvelle fille est contente...

Elle eut peur qu'il comprît mal et ajouta précipitamment :

— ... enfin, si elle est en bonne santé.

— Très bonne, maman... Nous déjeunons en forêt de Rambouillet [3], on va roder...

Il se reprit :

— Nous allons roder la voiture, vous comprenez...

Ils restèrent seuls, Saha et lui, dans le jardin, engourdis [4] tous deux de fatigue, de silence, appelés par le sommeil.

La chatte s'endormit brusquement sur le flanc, le menton en l'air, les canines découvertes comme un fauve mort ; des plumules de l'arbre-à-perruque [5], des pétales de clématites

1. *Guéridon* (m.) : petite table ronde à pied central unique.
2. *J'ai déjeuné* : il s'agit ici du petit déjeuner.
3. *La forêt de Rambouillet* : lieu de promenade, au sud-ouest de Paris, près de Versailles.
4. *Engourdi* : dans l'impossibilité de bouger, endormi.
5. *L'arbre-à-perruque* (m.) : petit arbre à fleurs stériles dont les pédoncules s'allongent considérablement en se revêtant d'un duvet soyeux et rouge, cultivé dans les parcs.

pleuvaient sur elle sans qu'elle tressaillît au fond du rêve où elle goûtait sans doute la sécurité, la présence inaliénable de son ami. Son attitude vaincue, les coins tirés et pâlis de sa lèvre gris pervenche avouaient une nuit de veille misérable.

Au haut du fût [1] desséché, drapé de plantes grimpantes, un vol d'abeilles, sur le lierre en fleurs, soutenait une note de timbale grave, la même note depuis tant d'étés... « Dormir là, sur l'herbe, entre le rosier jaune et la chatte... Camille ne viendrait qu'à l'heure du dîner, ce serait très gentil... Et la chatte, mon Dieu, la chatte... » Du côté des « travaux » un rabot [2] pelait une volige [3], un marteau de fer battait une poutrelle métallique, et déjà Alain ébauchait un rêve villageois peuplé de mystérieux forgerons... Aux onze coups tombant d'un campanile de lycée, il se dressa et s'enfuit sans oser éveiller la chatte.

1. *Fût* (m.) : tronc d'un arbre.
2. *Rabot* (m.) : instrument de menuiserie pour aplanir le bois.
3. *Volige* (f.) : planche mince de bois blanc.

Chapitre IV

I. Cadre spatio-temporel

1. Montrez que ce chapitre se situe dans la suite chronologique du précédent.

2. Combien de temps dure environ cette courte scène et quels en sont les moments marquants ?

3. Dans le jardin retrouvé : montrez que tous les sens sont convoqués pour évoquer la luxuriance du jardin (sensations visuelles, olfactives, tactiles, auditives).

4. Pourquoi le jardin induit-il Alain et Saha au sommeil et au rêve ?

II. Personnages

1. Analysez le comportement d'Alain lors de ce premier retour à la maison maternelle. Comment entre-t-il en symbiose avec les lieux ? Pourquoi se sent-il coupable ? « Exilé » ?

2. Par quelle image est d'abord évoquée la mère d'Alain (pp. 50-51) ? Relisez le passage (p. 26) du chapitre II qui contient la même image.
Son apparition en pied est associée pourtant à la même couleur. Quelle signification peut-on lui attribuer ?

3. Pourquoi la mère n'est-elle plus associée maintenant au jardin mais à la maison ?

4. Que signifie « la pudeur maternelle » et de quelles façons se manifeste-t-elle ?

5. De quelle manière la mère d'Alain délègue-t-elle à la chatte la souffrance due au départ d'Alain et le désaveu implicite ?

6. Analysez pourquoi on peut voir en la chatte à la fois un double narratif de la mère et une figure d'amante abandonnée.

7. Comment se manifeste l'intimité retrouvée entre Alain et Saha ?
Que signifie le fait qu'Alain ne puisse ni manger ni dormir avec Saha ?

8. En comparant les deux parties de cette matinée (chapitres III et IV), montrez ce qui oppose les relations amoureuses d'Alain avec Camille d'une part et avec sa chatte d'autre part.

III. Procédés narratifs

1. En quoi ce court chapitre constitue-t-il un contrepoint au précédent ?

2. Par quels mouvements d'Alain s'ouvre et se clôt cette scène de retour ?

3. Quelle est la double menace qui pèse sur ce retour ? (Relisez ce que propose – p. 45 – puis ordonne – p. 46 – Camille avant qu'Alain ne sorte du Quart-de-Brie).

4. À quoi est comparé le mariage d'Alain (par sa mère, par lui-même, par l'attitude de la chatte) ?

IV. À partir du texte...

1. Connaissez-vous d'autres textes dans lesquels le narrateur, le héros ou l'héroïne souffrent de la douleur de l'absence et de la séparation ?

Chapitre V

Vinrent juin et les plus longs jours, ses ciels [1] nocturnes sans mystère, dont une lueur attardée au couchant, une autre lueur levante sur l'est de Paris, soulevaient les bords. Mais juin n'est cruel qu'aux citadins sans voiture, encadrés étroitement de pierre chaude, qu'à l'homme serré contre l'homme. Autour du Quart-de-Brie, un air sans cesse agité tourmentait les stores [2] jaunes, traversait la chambre triangulaire et le studio, butait contre la proue du bâtiment et desséchait les petites haies de troènes [3] en caisses sur les terrasses. Les promenades quotidiennes aidant, Alain et Camille vivaient doucement, assagis et ensommeillés par la chaleur et la volupté.

« Pourquoi est-ce que je la nommais une jeune fille indomptée ? » se demandait Alain étonné. Camille jurait moins

1. *Ciels* : le pluriel de ciel (m.) est cieux.
2. *Store* (m.) : rideau intérieur de fenêtre qui se tire latéralement ou se baisse et se lève.
3. *Troène* (m.) : arbuste à fleurs blanches, odorantes, souvent cultivé en haies (branches entrelacées).

en voiture, perdait quelques âpretés de langage, et aussi son appétit des « boîtes » où chantent les jeunes femmes tziganes à naseaux[1] de cavales.

Elle mangeait et dormait longtemps, ouvrait très grands ses yeux adoucis, se détachait de vingt projets d'été, et s'intéressait aux « travaux » qu'elle visitait chaque jour. Il lui arrivait de s'attarder longuement dans le jardin de Neuilly, où Alain, au sortir de l'ombreuse maison Amparat Fils et Cie, rue des Petits-Champs, la retrouvait oisive, prête à prolonger l'après-midi, prête à rouler sur les routes chaudes.

Alors, il s'assombrissait. Il l'écoutait donner des ordres aux peintres chanteurs, aux électriciens distants. Elle l'interrogeait, d'une manière générale et péremptoire, comme si elle quittait par devoir, et dès qu'il était là, sa nouvelle douceur…

— Ça va, les affaires ? La crise s'annonce toujours ? Tu leur en loges[2], aux princes de la couture, du foulard à pois ?

Elle ne respectait même pas le vieil Émile, qu'elle secouait jusqu'à en faire choir des formules empreintes d'une imbécillité pythique.

— Qu'est-ce que vous en pensez, Émile, de notre cagibi[3] ? Vous n'aurez jamais vu la maison si belle ?

Le vieux valet murmurait, entre ses favoris[4], des réponses comme lui sans fond ni couleur.

— Ça ne se reconnaît plus… On m'aurait dit, autrefois, que ce serait une maison par petits compartiments… Il y a de la différence… On sera bien les uns chez les autres, c'est très gai…

1. *Naseau* (m.) : narine du cheval. *Les naseaux* (familier) : le nez.
2. *Tu leur en loges* (familier) : tu leur en vends.
3. *Cagibi* (m.) : pièce très petite et sans fenêtres. Le mot est utilisé ici ironiquement par Camille.
4. *Favoris* (m. pl.) : touffe de barbe sur chaque côté du visage.

Ou bien il versait goutte à goutte, sur Alain, des bénédictions sourdement éclairées d'un sens hostile.

— La jeune dame de M. Alain prend bien bonne mine [1]. Et elle a bonne voix aussi. On l'entend de chez nos voisins tant qu'elle parle bien. Une voix à ne pas la disputer [2], ah ! mais... La jeune dame dit bien ce qu'elle veut dire. Elle a prétendu au jardinier que le massif de silènes et de myosotis faisait cucu [3]... J'en ris encore.

Et il levait vers le ciel pur un œil pâle, couleur d'huître grise, qui n'avait jamais ri. Alain non plus ne riait pas. Saha le rendait soucieux. Elle maigrissait, et semblait abandonner un espoir, qui sans doute était l'espoir de revoir Alain chaque jour, et seul. Elle ne s'enfuyait plus lorsque Camille arrivait. Mais elle n'escortait pas Alain jusqu'à la grille, et elle le regardait, lorsqu'il s'asseyait près d'elle, avec une profonde et amère sagesse. « Son regard de petit chat derrière les barreaux, le même, le même regard... » Il l'appelait tout bas : « Saha... Saha... » en soufflant très fort les *h*. Mais elle ne bondissait pas, ni ne couchait les oreilles, et il y avait bien des jours qu'elle n'avait crié son éclatant : « Merraing ! » ni les « Mouek-mouek-mouek » de la bonne humeur et de la convoitise.

Un jour qu'ils avaient été, Camille et lui, convoqués à Neuilly pour constater que la nouvelle baignoire-piscine, carrée, épaisse, énorme, effondrait le terrasson qui la portait, il entendit sa femme soupirer :

— Ça n'en finira jamais !

— Mais, dit-il surpris, je croyais que tu aimais mieux,

1. *Elle prend bien bonne mine* (populaire) : elle a l'air en bonne santé, pleine d'énergie.
2. *Disputer quelqu'un* (populaire) : contredire, critiquer, réprimander.
3. *Faisait cucu* (argotique) : avait l'air ridicule, vieillot, démodé.

en somme, le Quart-de-Brie, ses cormorans et ses pétrels [1]...

— Oui... Mais tout de même... Et puis c'est ta maison, ici, ta vraie maison... Notre maison...

Elle s'appuyait à son bras, un peu molle, incertaine exceptionnellement. Le blanc bleuté de ses yeux, presque aussi bleu que sa claire robe d'été, l'arrangement parfait et superflu de sa joue, de sa bouche et de ses paupières, ne le touchèrent pas.

Pourtant il lui sembla qu'elle le consultait sans parler, pour la première fois. « Camille ici avec moi... Déjà ! Camille en pyjama sous les arceaux de roses... » Un des rosiers les plus anciens portait, à hauteur de visage, son fardeau de roses décolorées sitôt qu'épanouies, dont l'odeur orientale régnait, le soir, jusqu'au perron. « Camille en peignoir-éponge, sous la charmille d'ormes... » Valait-il pas mieux, à tout prendre, la cantonner [2] encore dans le petit belvédère du Quart-de-Brie ? « Pas ici, pas ici — pas encore... »

Le soir de juin, gorgé de lumière, tardait à pencher du côté de la nuit. Des verres vides, sur un guéridon de paille, retenaient les gros bourdons [3] roux, mais sous les arbres, sauf sous les pins, s'élargissait une zone d'humidité impalpable, une promesse de fraîcheur. Ni les géraniums rosats qui prodiguaient leur méridional parfum, ni les pavots de feu ne souffraient du rude été commençant. « Pas ici, pas ici... », martelait Alain au rythme de son pas. Il cherchait Saha et ne voulait pas l'appeler à pleine voix, il la rencontra couchée sur le petit mur bas qui étayait une butte bleue, couverte de lobélias [4]. Elle dormait ou paraissait

1. *Pétrel* (m.) : oiseau palmipède vivant au large dans les mers froides.
2. *Cantonner* : enfermer, isoler.
3. *Bourdon* (m.) : gros insecte comme une abeille.
4. *Lobelia* (m.) : plante vivace pour les rocailles.

dormir, roulée en turban. « En turban ? À cette heure et par ce temps ? C'est une posture d'hiver, le sommeil en turban… »

— Saha chérie !

Elle ne tressaillit pas quand il la prit et l'éleva en l'air, et elle ouvrait des yeux caves [1], très beaux, presque indifférents.

— Mon Dieu, que tu es légère ! Mais tu es malade, mon petit puma !

Il l'emporta, rejoignit en courant sa mère et Camille.

— Mais, maman, Saha est malade ! Elle a mauvais poil, elle ne pèse rien, et vous ne me le dites pas !

— C'est qu'elle ne mange guère, dit Mme Amparat. Elle ne veut pas manger.

— Elle ne mange pas, et quoi encore ?

Il berçait la chatte contre sa poitrine et Saha s'abandonnait, le souffle court et les narines sèches. Les yeux de Mme Amparat, sous ses grosses frisures blanches, passèrent intelligemment sur Camille.

— Et puis rien, dit-elle.

— Elle s'ennuie de toi, dit Camille. C'est ta chatte, n'est-ce pas ?

Il crut qu'elle se moquait et releva la tête avec défi. Mais Camille n'avait pas changé de visage et considérait curieusement Saha, qui sous sa main referma les yeux.

— Touche ses oreilles, dit brusquement Alain, elles sont brûlantes.

Il ne réfléchit qu'un instant.

— Bon. Je l'emmène. Maman, faites-moi donner son panier, voulez-vous ? Et un sac de sable pour le plat. Pour le reste, nous avons tout ce qu'il faut. Vous comprenez que je ne veux absolument pas… Cette chatte croit que…

Il s'interrompit et se tourna tardivement vers sa femme.

1. *Yeux caves* : très creusés, cernés.

— Ça ne te gêne pas, Camille, que je prenne Saha en attendant que nous revenions ici ?

— Quelle question !... Mais où comptes-tu l'installer la nuit ? ajouta-t-elle, si naïvement qu'Alain rougit à cause de la présence de sa mère, et qu'il répondit d'un ton sec :

— Elle choisira.

Ils partirent en petit cortège, Alain portant Saha muette dans son panier de voyage. Le vieil Émile pliait sous le sac plein de sable, et Camille fermait la marche, responsable d'un vieux plaid [1] en kasha [2] effrangé qu'Alain appelait le Kashasaha.

1. *Plaid* (m.) : couverture à carreaux d'origine écossaise.
2. *Kasha* (m.) : tissu de laine souple, souvent cachemire.

Chapitre V

I. Cadre spatio-temporel

1. Analysez l'expression des deux types de « temps » qui scandent ce chapitre en deux moments différents : la récurrence / répétition quotidienne d'abord, « un jour » en particulier ensuite.
Remarquez aussi la différence entre « vinrent juin et les plus longs jours... » et « le soir de juin [...] tardait à pencher du côté de la nuit ».

2. Quels sont les différents lieux qui sont nommés dans ce chapitre ? Lesquels font l'objet de descriptions plus détaillées ?
Précisez la fonction de chacun de ces lieux (en fonction de l'intrigue et aussi des personnages auxquels ils sont associés).

3. Pourquoi Alain n'accepte-t-il pas que Camille vienne vivre « ici » ?

4. Observez comment le changement d'adjectif possessif (ta/notre maison) déclenche chez Alain un processus d'exclusion mentale, bien que temporaire (« pas encore »).

II. Personnages

1. Montrez la différence entre le passage du début où le couple semble « assagi » dans un quotidien paisible et les autres passages où l'on sent croître l'hostilité d'Alain envers Camille.

2. Camille est vue par Alain, par le vieux domestique Émile et par l'auteur. Distinguez ces trois points de vue et dites si le portrait de la jeune femme qui s'en dégage est contradictoire.

3. Analysez comment les venues quotidiennes de Camille à la maison natale dénaturent le plaisir du retour pour Alain et la chatte.

4. À la « bonne mine » de Camille s'oppose la maigreur de la chatte : étudiez comment cette dernière est longuement décrite, ce qui donne un ton dramatique à la deuxième partie du chapitre.

5. Quels mots du texte montrent que – même si cela reste à un niveau symbolique – la vie du couple va se transformer en un ménage à trois.

III. Procédés narratifs

1. Observez, à travers l'emploi des temps verbaux, comment on passe du récit de plusieurs journées identiques, à une vision du futur (par Alain) pour revenir aux événements d'une journée particulière.

2. Dans la deuxième partie du chapitre, on voit Alain et Camille venir pour la dernière fois ensemble à la maison natale.
Quels sont les éléments déclencheurs qui permettent d'ores et déjà de le prévoir.

3. À la fin du chapitre, le projet d'un retour définitif est exprimé par Alain (« en attendant que nous revenions ici »). Pourquoi le pronom « nous » est-il ambigu ?

4. À quoi vous fait penser le « petit cortège » qui clôt le chapitre ?

5. Étudiez comment les descriptions des lieux et des personnages permettent à l'action de se développer et de se nouer avec la décision finale.

6. Quels rôles jouent les dialogues et les monologues intérieurs dans le développement de l'intrigue ?

IV. À Partir du texte...

1. Le langage du vieil Émile correspond à un registre appelé « oral-populaire ».
Quelles en sont les principales caractéristiques (lexique – syntaxe – pauses – images...) ?

2. On trouve dans ce chapitre une structure caractéristique des contes et des fables : après le récit de journées égales ou d'actions répétitives, s'amorce le récit d'une journée particulière où va se produire l'événement déclencheur. Retrouvez ce procédé dans le début d'un conte ou d'un roman.

Chapitre VI

Non, je ne croyais pas qu'un chat s'acclimatait si vite...

— Un chat n'est qu'un chat. Mais Saha est Saha.

Alain faisait, vaniteux, les honneurs de Saha. Lui-même ne l'avait jamais tenue ainsi serrée, prisonnière sur vingt-cinq mètres carrés, visible à toute heure et réduite, pour la méditation féline, sa soif d'ombre et de solitude, à emprunter le dessous des fauteuils géants qui erraient sans port d'attache dans le studio, ou l'antichambre embryonnaire, ou l'un des placards-vestiaires camouflés de miroirs.

Mais Saha voulait triompher de toutes les embûches [1]. Elle se forma aux heures incertaines des repas, du coucher, du lever, choisit pour demeure nocturne la salle de bains et son tabouret-éponge [2], explora le Quart-de-Brie sans affectation de dégoût ni de sauvagerie. Elle condescendit à écouter, dans la cuisine,

1. *Embûche* (f.) : piège, artifice pour tromper quelqu'un.
2. *Tabouret-éponge* : petit siège à trois ou quatre pieds recouvert de tissu-éponge.

l'oiseuse [1] parole de Mme Buque conviant « la mimine [2] » au foie cru. Alain et Camille sortis, elle prenait place sur le vertigineux parapet et sondait les abîmes d'air, suivant d'un œil calme, au-dessous d'elle, les dos volants des hirondelles et des passereaux. Son impassibilité au bord des neuf étages, l'habitude qu'elle prit de se laver longuement sur le parapet affolaient Camille.

— Empêche-la ! criait-elle à Alain. Elle me tourne le cœur et elle me donne des crampes dans les mollets !

Alain souriait avec compétence et admirait sa chatte, reconquise au goût de vivre et de se nourrir.

Ce n'est pas qu'elle devînt florissante, ni très gaie. Elle ne recouvrait pas son poil irisé comme le plumage mauve d'un pigeon. Mais elle vivait mieux, attendait le « poum » sourd de l'ascenseur qui hissait Alain, et acceptait de Camille des prévenances hors de saison, par exemple une soucoupe minuscule de lait à cinq heures, un petit os de poulet offert de haut, comme à un chien qu'on veut faire sauter.

— Pas comme ça !… Comme ça !… gourmandait Alain.

Et il posait l'os sur un tapis de bain, ou simplement sur la moquette beige à longue laine.

— Qu'est-ce qu'il prend, le tapis de Patrick ! blâmait Camille.

— Mais un chat ne mange pas un os ni une viande consistante sur une surface polie. Quand un chat prend un os dans une assiette et le dépose, avant de le manger, sur le tapis, on lui dit qu'il est sale. Le chat a besoin de maintenir sa proie sous sa patte pendant qu'il broie ou qu'il déchire, et il ne peut le faire que sur la terre nue ou sur un tapis. Mais on l'ignore…

Ébahie, Camille l'interrompit.

— Et toi, comment le sais-tu ?

1. *Oiseux* : inutile, ennuyeux.
2. *Mimine* : petit nom affectueux pour appeler un chat.

Il ne se l'était jamais demandé et s'en tira par une plaisanterie :

— Chut ! C'est parce que je suis très intelligent… Ne le répète pas ! M. Veuillet n'en sait rien.

Il lui enseignait les us et les coutumes du félin, comme une langue étrangère riche de trop de subtilités. Malgré lui il mettait, à l'enseigner, de l'emphase.

Camille l'observait étroitement et lui posait vingt questions, auxquelles il répondait sans prudence.

— Pourquoi la chatte joue-t-elle avec une ficelle [1], si elle a peur du gros cordage [2] qui manœuvre les rideaux ? — Parce que le cordage, c'est le serpent. C'est le calibre du serpent. Elle a peur des serpents.

— Elle a vu un serpent ?

Alain leva sur sa femme les yeux gris verts, cillés de noir, qu'elle trouvait si beaux, « si traîtres », disait-elle…

— Non… certainement non… Où en aurait-elle vu ?

— Alors ?

— Alors, elle l'invente. Elle le crée. Toi aussi, tu aurais peur du serpent, même si tu ne l'avais jamais vu.

— Oui, mais on me l'a raconté, je l'ai vu en images. Je sais qu'il existe.

— Saha aussi.

— Comment ?

Il la couvrit d'un sourire impérieux.

— Comment ? mais de naissance, comme les personnes de qualité.

— Alors, je ne suis pas une personne de qualité ?

Il s'adoucit, mais seulement par commisération.

1. *Ficelle* (f.) : corde très mince.
2. *Cordage* (m.) : grosse corde.

— Mon Dieu, non… Console-toi : moi non plus. Tu ne crois pas ce que je te dis ?

Camille, assise aux pieds de son mari, le contempla de ses yeux les plus grands, les yeux de l'ancienne petite fille qui ne voulait pas dire bonjour :

— Il faut bien que je le croie, dit-elle gravement.

Ils se mirent à dîner presque tous les soirs chez eux, à cause, disait Alain, de la chaleur, « et à cause de Saha », insinuait Camille. Un soir, après le dîner, Saha chevaucha le genou de son ami.

— Et moi ? dit Camille.

— J'ai deux genoux, repartit Alain.

D'ailleurs, la chatte n'usa pas longtemps de son privilège. Avertie mystérieusement, elle regagna la table d'ébène [1] polie, s'y assit sur son propre reflet bleuâtre immergé dans une eau ténébreuse et rien, en elle, n'eût paru insolite, sinon la fixe attention qu'elle donnait aux invisibles, droit devant elle, dans l'air.

— Qu'est-ce qu'elle regarde ? demanda Camille.

Elle était jolie tous les soirs à la même heure, en pyjama blanc, les cheveux à demi dégommés [2] et mobiles sur son front, les joues très brunes sous les couches de poudre qu'elle superposait depuis le matin. Alain gardait parfois son vêtement d'été, sans gilet, mais Camille portait sur lui des mains impatientes, lui retirait son veston, sa cravate, ouvrait son col, roulait les manches de sa chemise, montrait et cherchait la peau nue, et il la traitait d'effrontée, mais se laissait faire. Elle riait un peu douloureusement, en refrénant son envie. Et c'est lui qui baissait les yeux pour cacher une appréhension qui n'était pas

1. *Ébène* (f.) : bois noir, dur et pesant.
2. *Cheveux* […] *dégommés* : sans « gomme », sans crème ou laque qui tient les cheveux lisses et collés.

exclusivement voluptueuse : « Quel ravage de désir sur ce visage… Elle en a la bouche tirée. Une jeune femme si jeune… Qui lui a appris à me devancer ainsi ? »

La table ronde, flanquée d'une petite « servante » [1] à roues caoutchoutées, les rassemblait au seuil du studio, près de la baie ouverte. Trois hauts peupliers âgés, épaves d'un beau jardin détruit, balançaient leurs cimes à la hauteur de la terrasse, et le vaste soleil couchant de Paris, rouge sombre, étouffé de vapeurs, descendait derrière leurs têtes maigres d'où la sève se retirait.

Le repas de Mme Buque, qui servait mal et cuisinait bien, égayait l'heure, Alain rafraîchi oubliait sa journée et les bureaux Amparat, et la tutelle de M. Veuillet. Ses deux captives du belvédère le fêtaient. « Tu m'attendais ? » murmurait-il à l'oreille de Saha.

— Je t'ai entendu arriver ! s'écriait Camille. On entend tout d'ici !

— Tu t'ennuyais ? lui demanda-t-il un soir, avec la crainte qu'elle ne se plaignît. Mais elle secoua sa huppe noire en signe de dénégation.

— Pas l'ombre [2] ! Je suis allée chez maman. Elle m'a présenté la perle [3].

— Quelle perle ?

— La petite bonne femme qui sera ma femme de chambre là-bas. Pourvu que le vieil Émile ne lui fasse pas un gosse [4] ! Elle est bien.

Elle rit, en roulant sur ses bras nus ses larges manches de crêpe blanc, avant d'ouvrir le melon à chair rouge autour duquel

1. *Flanquée d'une petite « servante »* : avec une petite table de service à côté (pour poser les plats).
2. *Pas l'ombre* : pas du tout, absolument pas.
3. *La perle* (f.) : ce qu'il y a de mieux dans un genre.
4. *Gosse* (m. argot) : enfant.

tournait Saha. Mais Alain ne rit pas, tout à l'horreur d'imaginer dans sa maison une servante nouvelle...

— Oui ? Figure-toi, avoua-t-il, que ma mère n'a jamais, depuis mon enfance, changé son personnel...

— Ça se voit, trancha Camille... Quel musée !

Elle mordait à même un croissant de melon, et riait face au soleil couchant. Alain admira, sans sympathie particulière, combien pouvaient être vifs, sur le visage de Camille, un certain rayonnement cannibale, l'éclat des yeux, de la bouche étroite, et une sorte de monotonie italienne. Il fit pourtant encore un effort de désintéressement.

— Tu ne revois guère tes amies, il me semble ? Tu pourrais peut-être...

— Et quelles amies ? releva-t-elle impétueuse. C'est pour me faire comprendre que je t'encombre ? Pour que je me donne un peu d'air ? Oui ?

Il haussa les sourcils, claqua la langue « tt... tt... » et elle plia [1] promptement, avec une considération plébéienne pour l'homme dédaigneux.

— C'est vrai, ça... Des amies, je n'en avais guère quand j'étais petite fille. Alors, à présent... Tu me vois avec une jeune fille ? Il faudrait que je la traite en enfant, ou que je réponde à toutes ses sales questions : « Et comment est-ce qu'on fait ci, et comment est-ce qu'il te fait ça... » Les jeunes filles, expliqua-t-elle assez amèrement, les jeunes filles, tu sais, ça ne tient pas honnêtement ensemble... Ça n'a pas de solidarité. Ce n'est pas comme vous autres hommes.

— Pardon ! Je ne suis pas un vous-autres-hommes !

— Oh ! je le sais bien, dit-elle mélancoliquement... Et je me demande quelquefois si je n'aimerais pas mieux...

La mélancolie passait rarement sur elle, et ne lui venait que

1. *Elle plia* (verbe *plier*) : elle céda, recula.

de la réticence secrète, ou d'un doute qu'elle n'exprimait pas.

— Toi, poursuivait-elle, à part Patrick qui est parti, tu n'as guère d'amis. Et même Patrick, tu t'en fous [1], au fond…

Elle s'interrompit sur un geste d'Alain.

— Ne parlons pas de ces choses-là, dit-elle intelligemment, ou on va se brouiller [2].

De longs cris d'enfants montaient de la terre, atteignaient dans l'air le sifflement acéré des hirondelles. Le bel œil jaune de Saha, envahi peu à peu par la grande pupille nocturne, visait dans l'espace des points mobiles, invisibles et flottants.

— Qu'est-ce qu'elle regarde, la chatte, dis ? Il n'y a pourtant rien, là où elle regarde ?

— Rien, pour nous…

Alain évoquait, regrettait le frisson léger, la peur séduisante que lui versait sa chatte-amie, autrefois, quand elle se couchait la nuit sur sa poitrine…

— Elle ne te fait pas peur, au moins ? dit-il condescendant.

Camille éclata de rire comme si elle n'eût attendu que ce mot insultant.

— Peur ?… Je n'ai pas peur de grand-chose, moi, tu sais !

— C'est un mot de petite sotte [3], dit Alain agacé.

— Mettons [4], dit Camille en haussant les épaules. Tu es à l'orage.

Elle désigna la muraille violacée de nuages qui montait en même temps que la nuit.

— Et tu es comme Saha, ajouta-t-elle. Tu n'aimes pas l'orage.

— Personne n'aime l'orage.

— Je ne le déteste pas, dit Camille sur un ton d'amateur.

1. *Tu t'en fous* (argot) : tu t'en moques, il ne t'intéresse pas.
2. *Se brouiller* : se fâcher, se disputer.
3. *Sot* : sans esprit, sans intelligence.
4. *Mettons* (verbe *mettre*) : admettons.

En tout cas, je ne le crains guère.

— Le monde entier craint l'orage, dit Alain, hostile.

— Eh bien, je ne suis pas le monde entier, voilà tout.

— Si, pour moi, dit-il avec une grâce soudaine et artificielle dont elle ne fut pas dupe [1].

— Oh ! gronda-t-elle tout bas, je te battrais…

Il pencha vers elle, par-dessus la table, ses cheveux blonds, fit briller ses dents.

— Bats-moi !

Mais elle se priva du plaisir de fourrager [2] ces cheveux dorés, d'offrir son bras nu à cette bouche brillante.

— Tu as le nez bossu, lui jeta-t-elle férocement.

— C'est l'orage, dit-il en riant.

Cette finesse ne fut pas du goût de Camille, mais les premiers roulements bas de la foudre détournèrent son attention. Elle jeta sa serviette pour courir à la terrasse.

— Viens ! on va voir monter les beaux éclairs !

— Non, dit Alain sans bouger, viens, toi.

— Où ?

Du menton, il indiquait leur chambre. Sur le visage de Camille se forma l'expression butée, l'obtuse convoitise qu'il connaissait bien, pourtant elle hésita :

— Mais si on regardait les éclairs avant ?

Il fit un signe de refus.

— Pourquoi, méchant ?

— Parce que moi, j'ai peur de l'orage. Choisis. L'orage, ou… moi.

— Oh ! tu penses !…

Elle courut à leur chambre d'un mouvement fougueux qui

1. *Dont elle ne fut pas dupe* : qui ne la trompa pas.
2. *Fourrager* (familier) : passer sa main dans les cheveux en désordre.

enorgueillit Alain. Mais en la rejoignant il vit qu'elle avait allumé exprès [1] un pavé de verre lumineux [2] près du vaste lit, et exprès l'éteignit.

Par les baies ouvertes la pluie entra comme ils s'apaisaient, tiède et cinglante, embaumée d'ozone. Aux bras d'Alain, Camille lui faisait comprendre qu'elle eût voulu, pendant que l'orage accourait, que de nouveau il oubliât, avec elle, sa peur de l'orage. Mais il comptait, nerveux, les vastes éclairs en nappes, et les grands arbres éblouissants dressés contre les nuées, et il s'écartait de Camille. Elle se résigna, se haussa sur son coude, et peigna d'une main la chevelure crépitante de son mari. Aux palpitations des éclairs, leurs deux visages de plâtre bleu surgissaient de la nuit et s'y abîmaient.

— Attendons la fin de l'orage, consentit-elle.

« Et voilà ! » se dit Alain. « Voilà ce qu'elle trouve à dire après une rencontre qui en valait, ma foi [3], la peine. Elle pouvait se taire, tout au moins. Comme dit Émile, la jeune dame se fait comprendre… »

Un éclair à halètements, long comme un songe, se mira en lame de feu dans la tranche épaisse de cristal, sur la coiffeuse invisible ; Camille serra contre Alain sa jambe nue.

— C'est pour me rassurer ? On le sait, que tu n'as pas peur de la foudre.

Il élevait la voix pour dominer le caverneux fracas et les cascades de pluie sur le toit plat. Il se sentait las et irrité, prêt à l'injustice, effrayé de constater qu'il n'était plus jamais seul. Avec violence, il retourna mentalement à son ancienne chambre, tendue d'un papier blanc à fleurs froides, la chambre que nulle

1. *Exprès* : avec intention.
2. *Pavé de verre lumineux* : l'éclairage moderne provient d'un cube de verre.
3. *Ma foi* : en effet, après tout.

main n'avait tenté d'orner ou d'enlaidir. Son souhait fut si affamé que le murmure du vieux calorifère mal réglé suivit l'évocation des bouquets plats et clairs, murmure et haleine de cave sèche, issus d'une bouche à lèvres de cuivre, encastrée dans le parquet. Murmure qui rejoignit celui de la maison tout entière, chuchotement des vieux domestiques poncés par l'usage, inhumés à mi-corps dans leur sous-sol et que le jardin lui-même ne tentait plus... « Ils disaient « elle » en parlant de ma mère, mais depuis mes premières culottes j'étais « Monsieur Alain... »

Un coup sec de tonnerre le rappela du sommeil bref où il glissait après le plaisir. Penchée sur lui, accoudée, sa jeune femme ne bougeait pas.

— Je t'aime bien quand tu dors, dit-elle. L'orage s'en va.

Il prit ce mot pour une requête et se mit sur son séant [1].

— Je fais comme lui, dit-il. Quelle moiteur [2] ! Je vais dormir sur le banc de la salle d'attente.

Ils appelaient ainsi l'étroit divan, meuble unique d'une petite pièce bâtarde, couloir à murs de vitres que Patrick destinait à des séances d'héliothérapie.

— Oh ! non, oh ! non, supplia Camille. Reste...

Mais il glissait déjà hors du lit. Les grandes lueurs des nuées révélèrent la dure figure offensée de Camille.

— Pouh ! Petit bonhomme !

Sur ce mot qu'il n'attendait pas, elle lui tira le nez. D'un revers de bras dont il ne fut pas maître, et qu'il ne regretta point, il rabattit la main irrespectueuse. Une trêve soudaine de la pluie et du vent les laissa seuls au milieu du silence, et comme sourds. Camille massait sa main engourdie.

1. *Il se mit sur son séant* : il s'assit.
2. *Moiteur* (f.) : humidité légère.

— Mais… dit enfin Camille, mais… tu es une brute[1]…

— C'est possible, dit Alain. Je n'aime pas qu'on me touche la figure. Le reste ne te suffit pas ? Ne me touche jamais la figure.

— Mais oui, répéta lentement Camille, tu es une brute…

— Ne le redis pas trop. À part ça, je ne t'en veux pas. Fais seulement attention.

Il ramena sur le lit sa jambe nue.

— Tu vois ce grand carré gris sur le tapis ? C'est le jour qui se lève. Veux-tu que nous dormions ?

— Oui… je veux bien… dit la même voix incertaine…

— Alors, viens !

Il étendit le bras gauche pour qu'elle y posât sa tête, et elle vint docilement, avec une politesse circonspecte. Content de lui, Alain la bouscula amicalement, l'attira par l'épaule, mais la tint en respect, à tout hasard, en pliant un peu les genoux, et s'endormit vite. Éveillée, Camille respirait sans abandon, et tournait son regard vers la flaque blanchissante du tapis. Elle écouta les passereaux fêter la fin de l'orage, dans les trois peupliers dont le bruissement imitait l'averse. Lorsqu'en changeant de posture Alain lui retira son bras, elle reçut de lui une caresse inconsciente qui, glissant par trois fois sur sa tête, semblait habituée à lisser un pelage encore plus doux que ses doux cheveux noirs.

1. *Brute* (f.) : personne brutale, grossière.

Chapitre VI

I. Cadre spatio-temporel

1. À quelle période de l'année se déroulent les différents événements ou « scènes » racontés dans ce chapitre ? Quel est le moment de la journée qui est particulièrement privilégié ?

2. Peut-on savoir sur combien de jours se déroulent les faits racontés dans la première partie (pp. 65-70) et qui se sont répétés plusieurs fois ?

3. Combien de temps dure la « scène » qui commence par « Tu t'ennuyais ? lui demanda-t-il un soir [...] » et qui se termine avec la fin du chapitre ?

4. Quelles sont les différentes parties du lieu unique (le studio ou Quart-de-Brie) qui sont nommées dans le chapitre ? Qu'est-ce qui fait de la chambre – et du lit – le lieu le plus stratégique ?

5. Montrez que l'environnement extérieur joue aussi un rôle important dans ce chapitre. Qu'est-ce qui caractérise les différents éléments qui le composent (végétation, animaux, lumière et ombre, conditions atmosphériques) ?

6. Pourquoi Alain retourne-t-il « mentalement » à « son ancienne chambre » ? Cette pièce ayant été évoquée dans les chapitres précédents, quels sont les éléments nouveaux qui la caractérisent et en quoi est-elle une synecdoque (« figure de rhétorique qui consiste à prendre le plus pour le moins, la matière pour l'objet, l'espèce pour le genre, la partie pour le tout, le singulier pour le pluriel ou inversement, par exemple : une voile pour un navire ») de la maison natale ?

7. Analysez comment l'orage constitue à la fois un cadre idéal et un moment essentiel pour la scène narrée dans la deuxième partie (pp. 70-75).

II. Personnages

1. La chatte Saha : qu'est-ce qui dans son comportement est commun à tous les chats (ou félins) et qu'est-ce qui la caractérise comme un être spécifique et unique ?

2. Comment comprend-on que Saha est un personnage à part entière du récit, intégré aux lieux et aux rythmes de vie des autres personnages ?

3. Dans le « triangle » qui caractérise maintenant les rapports des personnages principaux, discernez les moments où le couple est uni en laissant la chatte à l'écart et les moments où elle est au centre même du rapport entre Camille et Alain.

4. Essayez d'analyser comment Saha semble ici à la fois un motif de convergence (sinon de conversation) entre Alain et Camille et le prétexte de leurs divergences.

5. En quoi les « deux captives du belvédère » représentent-elles deux figures féminines face à l'homme ? Laquelle des deux assume un comportement humain ou animal ?

6. À « l'œil calme » et à la « méditation féline » de la chatte, l'auteur oppose « l'éclat des yeux » de Camille et le « rayonnement cannibale » de son visage.
Dans quels autres passages du récit Colette exprime-t-elle sa préférence et oriente-t-elle la nôtre ?

7. En quoi Alain et Saha se ressemblent-ils ? Comment Alain dévoile-t-il – malgré lui – son amour pour Saha et son hostilité envers Camille ?

III. Procédés narratifs

1. Faites le plan de ce chapitre en étudiant ce qui caractérise, d'une part, le résumé d'une situation où les actions se répètent et alternent avec de courtes scènes exemplaires et, d'autre part, le récit d'une scène détaillée (temps des verbes, expressions temporelles, alternance des déterminants – « tous les soirs », « un soir », par exemple) au contenu fortement dramatique – une « scène de ménage » ?

2. Ce chapitre se termine par le sommeil d'Alain. Quelle fonction a-t-il ici et de quels autres passages précédents du roman peut-on le rapprocher ?

3. Étudiez comment, si l'intrigue ne semble pas progresser dans ce chapitre, les dialogues jouent un rôle essentiel dans l'évolution du rapport entre les personnages. Relevez à cet effet les verbes désignant les interventions dialoguées (exemples : « gourmandait Alain », « blâmait Camille ») ou les caractérisations de ces verbes déclaratifs (exemples : « dit-elle mélancoliquement », « dit Alain agacé »).

4. Dans certains chapitres les scènes sont plutôt visuelles. Ici, ce sont les bruits, les sons (et même les onomatopées des personnages) qui rythment la trame sonore de la narration. Faites-en le relevé en les classant selon leur provenance, leur fonction et leur importance.

IV. À partir du texte...

1. Reprenez un passage dialogué du chapitre (par exemple de « Elle ne te fait pas peur au moins ? » à « Bats-moi ! ») en le mettant d'abord au discours indirect, ensuite en essayant de résumer par deux ou trois phrases son sens et sa portée.

2. Cherchez dans *I Promessi Sposi* de Manzoni (ch. XXXVI et XXXVII) la description d'un orage. Analysez-la en mettant en évidence son rapport avec les états d'âme des personnages et la progression de l'intrigue.
Comparez avec le passage correspondant à l'orage dans ce chapitre.

Chapitre VII

Ce fut vers la fin de juin qu'entre eux l'inconciliabilité s'établit comme une saison nouvelle, avec ses surprises et parfois ses agréments. Alain la respirait comme un printemps âpre, installé en plein été. Sa répugnance à ménager, dans la maison natale, une place pour la jeune femme étrangère, il l'emportait avec lui, la dissimulait sans effort, la brassait et l'entretenait mystérieusement par des soliloques, et par la contemplation sournoise du nouvel appartement conjugal. Un jour de chaleur grise, Camille, excédée, s'écria, au haut de leur passerelle abandonnée du vent :

— Ah ! plaquons tout [1] ! On prend la trottinette [2], et on va se tremper [3] quelque part ! Dis, Alain ?

— J'en suis, répondit-il avec une promptitude cauteleuse. Où allons-nous ?

1. *Plaquons tout* (argot) : laissons, abandonnons tout.
2. *Trottinette* (f.) : désigne ici familièrement l'automobile.
3. *Se tremper* (familier) : se baigner.

Il eut la paix pendant que Camille énumérait des plages et des noms d'hôtels. L'œil sur Saha prostrée [1] et plate, il prenait le loisir de réfléchir, et de conclure : « Je ne veux pas voyager avec elle. Je... je n'ose pas. Je veux bien me promener comme nous faisons, rentrer le soir, rentrer tard dans la nuit. Mais c'est tout. Je ne veux pas les soirées à l'hôtel, les soirées dans un casino, les soirées... » Il frémit : « Je demande du temps, je reconnais que je suis long à m'habituer, que j'ai un caractère difficile, que... Mais je ne veux pas m'en aller avec elle. » Il eut un mouvement de honte à constater qu'il disait « elle », comme Émile et Adèle lorsqu'ils parlaient à mi-voix de « Madame ».

Camille acheta des cartes routières et ils jouèrent au voyage, à travers une France déployée par quartiers sur la table d'ébène polie, qui reflétait deux visages inverses et délayés.

Ils additionnèrent des kilomètres, décrièrent [2] leur voiture, s'injurièrent cordialement, et se sentirent ravivés, presque réhabilités, par une camaraderie oubliée. Mais de tropicales averses [3], sans rafales de vent, noyèrent les derniers jours de juin et les terrasses du Quart-de-Brie. Saha, à l'abri des verrières closes, regardait serpenter, sur les mosaïques, des ruisselets plats, que Camille épongeait en piétinant des serviettes. L'horizon, la ville, l'averse adoptaient la couleur des nuages chargés d'une eau intarissable.

— Veux-tu que nous prenions le train ? suggéra Alain d'une voix suave.

Il avait prévu qu'au mot abhorré Camille bondirait. Elle bondit en effet, et blasphéma [4].

1. *Prostré* : sans force, abattu.
2. *Décrièrent* (verbe *décrier*) : critiquèrent.
3. *Averse* (f.) : pluie subite et abondante.
4. *Blasphéma* (verbe *blasphémer*) : ici, dit des paroles injurieuses ou très grossières.

— J'ai peur, ajouta-t-il, que tu ne t'ennuies. Tous ces voyages que nous nous étions promis…

— Tous ces hôtels d'été… Tous ces restaurants à mouches… Toutes ces mers à baigneurs… continua-t-elle, plaintive. Vois-tu, on a bien l'habitude de rouler [1], nous deux, mais ce qu'on sait faire, au fond, c'est de la route, ce n'est pas du voyage.

Il la vit un peu dolente et l'embrassa en frère. Mais elle se retourna, le mordit à la bouche et sous l'oreille, et ils usèrent, encore une fois, du divertissement qui raccourcit les heures et entraîne les corps à atteindre facilement le plaisir amoureux. Alain s'y fatiguait. Lorsqu'il dînait chez sa mère avec Camille et qu'il retenait des bâillements, Mme Amparat baissait les yeux et Camille ne manquait pas de rire d'un petit rire rengorgé [2]. Car elle notait, orgueilleuse, l'habitude qu'Alain prenait d'user d'elle, habitude presque hargneuse, rapide corps à corps d'où il la rejetait, haletant, pour gagner le côté frais du lit découvert.

Elle l'y rejoignait ingénument et il ne le lui pardonnait pas, quoique silencieusement il lui cédât de nouveau. À ce prix il pouvait, après, rechercher en paix les sources de ce qu'il nommait leur inconciliabilité. Il avait la sagesse de les situer hors des possessions fréquentes. Lucide, aidé par l'épuisement, il remontait aux retraites où l'inimitié, de l'homme à la femme, se garde fraîche et ne vieillit jamais. Parfois, elle se découvrait à lui dans une région banale, où elle dormait comme une innocente en plein soleil. Par exemple, il s'ébahit [3], jusqu'au scandale, de comprendre combien Camille était brune. Au lit, couché derrière elle, il épiait les cheveux courts de la nuque

1. *Rouler* : faire de la voiture.
2. *Rengorgé* : vaniteux.
3. *Il s'ébahit* (verbe *s'ébahir*) : il s'étonna, fut stupéfait cf. n. 2 p. 44.

tondue, rangés comme des piquants d'oursins, dessinés sur la peau comme des hachures orographiques, les plus courts visibles et bleus sous la peau fine avant que chacun d'eux émergeât par un petit pore noirci.

« N'avais-je jamais eu de brune ? » s'émerveillait-il. « Deux ou trois petites noiraudes [1] ne m'ont pas laissé un souvenir aussi brun ! » Et il tendait à la lumière son propre bras normalement blanc jaune, un bras de blond pailleté de duvet [2] d'or vert, irrigué de veines couleur de jade. Il comparait sa propre chevelure aux sylves [3] à reflets violets, qui sur Camille laissaient apercevoir, entre les crispations d'algues et les tiges parallèles d'une abondance exotique, la blancheur étrange de l'épiderme.

La vue d'un fin cheveu très noir, collé au bord d'une cuvette, lui donna la nausée. Puis la petite névrose changea, et quittant la nuance s'en prit à la forme. Tenant embrassé, apaisé, le jeune corps dont la nuit lui voilait les ombres précises, Alain se mit à blâmer qu'un esprit créateur, aussi rigoureux qu'autrefois celui de sa nurse anglaise — « pas plus de pruneaux que de riz, my garçon, pas plus de riz que de poulet » — eût modelé Camille en suffisance, mais sans rien abandonner à la fantaisie ou à la prodigalité. Il emportait son blâme, et son regret, dans le vestibule de ses songes, pendant l'instant incalculable réservé au paysage noir, animé d'yeux convexes, de poissons à nez grec, de lunes et de mentons. Là il souhaita qu'un fessier dix-neuf cent [4],

1. *Noiraude* (f.) : femme à la peau foncée.
2. *Duvet* (m.) : petites plumes des oiseaux ou poils fins des personnes.
3. *Sylve* (f.) : forêt.
4. *Fessier dix-neuf cent* : au début du siècle (en 1900) les femmes avaient la taille fine et serrée ce qui faisait ressortir leurs protubérances postérieures.

librement développé au-dessous d'une taille déliée, compensât la petitesse acide des seins de Camille. D'autres fois il transigeait, à demi endormi, et préférait une gorge [1] encombrante, une mouvante et double monstruosité de chair aux cimes irritables... De telles soifs, qui naissaient de l'étreinte et lui survivaient, n'affrontaient pas la lumière du jour, ni le réveil complet, et ne peuplaient qu'un isthme étroit, entre le cauchemar et le rêve voluptueux.

Échauffée, l'étrangère fleurait le bois mordu par la flamme, le bouleau, la violette, tout un bouquet de douces odeurs sombres et tenaces, qui demeuraient longtemps attachées aux paumes. Ces fragrances exaltaient Alain contradictoirement, et n'engendraient pas toujours le désir.

— Tu es comme l'odeur des roses, dit-il un jour à Camille, tu ôtes l'appétit.

Elle le regarda, indécise, prit l'air un peu gauche et penché dont elle accueillait les louanges ambiguës.

— Comme tu es dix-huit cent trente [2], murmura-t-elle.

— Moins que toi, répliquait Alain. Mais oui, moins que toi. Je sais à qui tu ressembles.

— À Marie Dubas [3], on me l'a déjà dit.

— Grande erreur, ma fille ! Tu ressembles, les bandeaux en moins, à toutes celles qui ont pleuré en haut d'une tour, sous Loïsa Puget [4]. Elles pleuraient sur la première page des

1. *Gorge* (f.) : poitrine, seins.
2. *Tu es dix-huit cent trente* : Camille accuse Alain de romantisme anachronique.
3. *Marie Dubas* : chanteuse célèbre de cette époque (1930).
4. *Loïsa Puget* (1810-1889) : ayant épousé un auteur de drames larmoyants elle chantait dans les salons dès 1830.

romances, avec ton grand œil grec, bombé, et ce bord épais de la paupière qui fait sauter la larme sur la joue…

Ses sens, l'un après l'autre, abusaient Alain et condamnaient Camille. Il dut au moins convenir qu'elle savait recevoir de la bonne manière, à bout portant, certaines paroles qui jaillissaient de lui brièvement, paroles moins de gratitude que de provocation, à l'heure où, étendu sur le sol, il la mesurait d'un regard étouffé entre ses cils et appréciait, sans indulgence ni ménagement, les mérites neufs, la flamme un peu monotone mais déjà savamment égoïste d'une si jeune épousée, et ses particulières aptitudes. C'étaient là des moments de lumière franche, de certitude, dont Camille s'attachait à prolonger le demi-silence de pugilat, l'angoisse de corde tendue et d'équilibre périlleux.

Sans malice profonde, elle ne se doutait pas que, dupe à demi des défis intéressés, des pathétiques appels et même d'un frais cynisme polynésien [1], Alain possédait sa femme chaque fois pour la dernière fois. Il se rendait maître d'elle comme il lui eût mis une main sur la bouche pour l'empêcher de crier, ou comme il l'eût assommée [2].

Rhabillée, verticale, assise auprès de lui dans leur roadster, il ne retrouvait plus, en la détaillant, ce qui avait fait d'elle la pire ennemie, car en reprenant son souffle, en écoutant décroître les battements de son cœur, il cessait lui-même d'être le dramatique jeune homme qui se mettait nu avant de terrasser [3] sa compagne ; et le bref protocole voluptueux, les soucis

1. *Frais cynisme polynésien* : les mœurs des Polynésiens étaient considérées comme licencieuses, impudiques.
2. *Il l'eût assommée* (verbe *assommer*) : il l'eût étourdie en frappant.
3. *Terrasser* : jeter à terre avec violence, vaincre.

gymniques, la gratitude simulée ou réelle, reculaient au rang de ce qui est fini, de ce qui ne reviendra sans doute jamais. Alors renaissait la plus grande préoccupation, qu'il acceptait comme honorable et naturelle, la question qui reprenait, pour l'avoir longuement méritée, sa place, la première place : « Comment empêcher Camille d'habiter MA maison ? »

Passée la période d'hostilité contre « les travaux », il avait mis de bonne foi son espoir dans le retour à la maison natale, dans l'apaisant arrangement d'une existence au ras du sol, qui s'appuie à tout moment à la terre, à ce qu'enfante la terre. « Ici, j'ai le mal des airs. Ah ! soupirait-il, le dessous des branches... le ventre des oiseaux... » Il achevait, sévère : « La pastorale n'est pas une solution. » Et il recourut à l'indispensable allié, le mensonge.

Il vint, par un après-midi de feu pur, qui fondait l'asphalte, à son fief [1] autour duquel Neuilly n'était que voies désertes, tramways vides de juillet, jardins où bâillaient des chiens. Avant de quitter Camille, il avait installé Saha sur la terrasse la plus fraîche du Quart-de-Brie, vaguement inquiet chaque fois qu'il laissait ensemble, seules, ses deux femelles.

Le jardin et la maison dormaient, et la petite porte de fer ne grinça pas. Des roses trop mûres, des pavots rouges, les premiers balisiers à gosiers de rubis, des mufliers [2] sombres brûlaient, par bouquets isolés, sur les pelouses. Au flanc de la maison béaient [3] la porte neuve, et deux autres fenêtres dans un petit bâtiment de rez-de-chaussée, tout frais. « Tout est fini », constata Alain. Il marchait avec précaution, comme dans ses

1. *Fief* (m.) : domaine noble qu'un vassal tenait d'un seigneur.
2. *Muflier* (m.) : plante aux fleurs élégantes encore appelée gueule-de-loup.
3. *Béaient* (verbe *béer*) : étaient ouvertes.

songes, et ne foulait que l'herbe.

Au murmure d'une voix qui montait du sous-sol, il s'arrêta, prêta l'oreille distraitement. Ce n'étaient que les vieilles voix connues, — servilité, bougonnements [1] cultuels, — les vieilles voix qui disaient autrefois « elle » et « Monsieur Alain », et qui flattaient le petit homme blond, la grêle forme virile, son aiguillon enfantin... « J'étais roi », se dit Alain en souriant tristement...

— Alors, c'est bientôt qu'*elle* va coucher ici ? demanda distinctement une des vieilles voix.

« C'est Adèle », se dit Alain. Étayé au mur, il écouta sans scrupule.

— Comme de bien entendu, dit Émile en chevrotant. Cet appartement, c'est bien mal combiné.

La femme de chambre, une Basquaise [2] grisonnante, barbue, intervint :

— Je vous crois. De leur salle de bains, on entend tout ce qui se passe dans les water. M. Alain n'en sera pas charmé.

— *Elle* a dit, la dernière fois qu'*elle* est venue, qu'*elle* n'avait pas besoin de rideaux dans son petit salon, puisqu'il n'y a pas de voisins sur le jardin.

— Pas de voisins ? Alors, et nous, si on va à la buanderie [3] ? Qu'est-ce qu'on verra quand *elle* sera avec M. Alain ?

Alain devina des rires très bas, et l'antique Émile reprit :

— Oh ! on n'en verra peut-être pas tant que ça... *Elle* se fera remiser [4] plus souvent qu'à son tour... M. Alain n'est pas

1. *Bougonnement* (m.) : action de bougonner (familier) ; murmurer, gronder entre ses dents.
2. *Une Basquaise* : une femme originaire du Pays basque.
3. *Buanderie* (f.) : pièce de la maison où l'on lave le linge.
4. *Remiser quelqu'un* (familier) : le remettre à sa place.

quelqu'un à se laisser aller comme ça sur les divans à toute heure de jour et de nuit…

Pendant un silence, Alain n'entendit que le bruit d'une lame sur la pierre à couteaux, mais il resta aux écoutes contre la muraille chaude, cherchant vaguement des yeux, entre un géranium embrasé et le vert mordant du gazon, le pelage pierre de lune de Saha…

— Moi, dit Adèle, je trouve ça entêtant [1], le parfum qu'*elle* se met.

— Et ses robes, renchérit Juliette la Basquaise, sa manière de s'habiller, ça ne fait pas grande couture. *Elle* ferait plutôt genre artiste, à cause du culot. Et qu'est-ce qu'*elle* va nous amener, il paraîtrait, comme femme de chambre, une personne d'orphelinat, je pense, ou pire…

Un vasistas bascula et les voix s'éteignirent. Alain se sentait lâche [2] et un peu tremblant, et respirait comme un homme épargné par des meurtriers. Il n'était pas surpris, ni indigné. Entre sa manière à lui de juger Camille et la rigueur des juges du sous-sol, la différence n'était pas grande. Mais le cœur lui battait d'écouter bassement, de n'en être point puni, et de recueillir des témoignages de partisans, de complices sans pacte. Il essuya son visage, aspira l'air profondément comme si cette bouffée de misogynie unanime, ce païen encens dédié au seul principe mâle l'eût étourdi. Sa mère, qui, s'éveillant de sa sieste, rabattait les persiennes de sa chambre, le vit debout, la joue encore appuyée au mur. Elle cria sans bruit, en mère sage.

— Ha ! mon garçon… Tu n'as pas de mal ?

Il lui prit les mains par-dessus l'appui de la fenêtre, comme un amoureux.

1. *Entêtant* : qui fait mal à la tête. Le parfum est trop fort.
2. *Lâche* : faible, peureux.

— Aucun, maman… Je suis venu en me promenant.

— C'est une bonne idée.

Elle n'en croyait rien, mais ils se souriaient en mentant l'un comme l'autre.

— Est-ce que je peux vous demander un petit service, maman ?

— Un petit service d'argent, je parie ? Vous n'êtes pas trop bien fournis [1] cette année, mes pauvres enfants, c'est vrai…

— Non, maman… S'il vous plaît, je voudrais que vous ne disiez pas à Camille que je suis venu aujourd'hui. Comme je suis venu sans motif, je veux dire sans autre motif que de vous embrasser, j'aime mieux… Ce n'est pas tout. Je voudrais que vous me donniez un conseil. Entre nous, n'est-ce pas ?

Mme Amparat baissa les yeux, fourragea sa chevelure blanche frisée, essaya d'écarter la confidence.

— Je ne suis pas bavarde, tu sais… Tu me surprends toute dépeignée, j'ai l'air d'une vieille roulottière [2]… Tu ne veux pas entrer au frais ?

— Non, maman… Pensez-vous qu'il y ait un moyen — c'est une idée qui me suit, — un moyen gentil, naturellement — qui soit agréable à tout le monde, — un moyen d'empêcher Camille d'habiter ici ?

Il serrait les mains de sa mère, attendait leur tressaillement ou leur dérobade [3]. Mais elles restaient froides et douces entre les siennes.

— Ce sont des idées de jeune marié, dit-elle gênée.

— Comment ?

1. *Vous n'êtes pas trop bien fournis* (familier) : vous n'avez pas beaucoup d'argent.
2. *Roulottière* (f.) : femme qui vit dans une roulotte comme les bohémiens.
3. *Dérobade* (f.) : action de se soustraire, se retirer.

— Oui. Entre les jeunes mariés ça va trop bien, ou ça va trop mal. Et je ne sais pas lequel vaut le mieux. Mais ça ne va jamais tout seul.

— Mais, maman, ce n'est pas ça que je vous demande, je vous demande s'il n'y a pas un moyen…

Pour la première fois, il perdait contenance [1] devant sa mère. Elle ne l'aidait pas et il détourna le front avec humeur.

— Tu parles comme un enfant. Par cette chaleur tu cours les rues, et tu t'en viens après une dispute me poser des questions… je ne sais pas, moi… Des questions qui n'ont une réponse que dans le divorce… Ou dans le déménagement, ou Dieu sait dans quoi…

Elle s'essoufflait dès qu'elle parlait, et Alain ne se reprocha que de la voir rouge, hors d'haleine [2] pour peu de mots. « Assez pour aujourd'hui », jugea-t-il prudemment.

— Nous ne nous sommes pas disputés, maman. C'est seulement moi qui ne m'habitue pas à l'idée… qui ne voudrais pas voir…

Il désigna, d'un grand geste embarrassé, le jardin qui les entourait, l'étang vert de la pelouse, le lit de pétales sous les rosiers en arceaux, un brouillard d'abeilles au-dessus du lierre fleuri, la maison laide et révérée…

La main qu'il avait gardée dans l'une des siennes se ferma, se durcit en petit poing, et il baisa brusquement cette main sensible : « Assez, assez pour aujourd'hui… »

— Je m'en vais, maman. M. Veuillet vous téléphone demain à huit heures pour cette histoire de baisse des actions… J'ai meilleure mine, maman ?

Il levait ses yeux verdis par l'ombre du tulipier, renversait

1. *Il perdait contenance* : il se troublait, il était embarrassé.

2. *Hors d'haleine* : respirant avec difficulté.

son visage qu'il contraignait par habitude, par tendresse et par diplomatie, à l'ancienne expression enfantine. Un clin de paupières pour embellir l'œil, un sourire de séduction, une moue [1] des lèvres… La main maternelle se rouvrit, passa par-dessus l'appui de la fenêtre, atteignit et palpa, sur Alain, des points faibles et connus, — l'omoplate, la pomme d'Adam, le haut du bras, — et la réponse ne vint qu'après le geste :

— Un peu meilleure… Oui, plutôt un peu meilleure mine…

« Je lui ai fait plaisir, en la priant de cacher quelque chose à Camille… » Au souvenir de la dernière caresse maternelle, il serra sa ceinture sous son veston. « J'ai maigri, je maigris. Plus de culture physique — plus d'autre culture physique que l'amour… »

Il allait léger, vêtu pour la saison, et la brise fraîchissante le séchait, chassant devant lui le parfum amer de sa sueur blonde, parent du noir cyprès. Il laissait son bastion natal inviolé, sa souterraine cohorte alliée intacte, et le reste de la journée coulerait facile. Jusqu'à minuit sans doute, assis au flanc de Camille inoffensive, il boirait en voiture l'air du soir, tantôt sylvestre entre les chênaies [2] bordées de fossés vaseux, tantôt sec et sentant l'aire à blé… « Et je rapporterai du chiendent [3] d'origine pour Saha ! »

Il se reprocha avec véhémence le sort de sa chatte, qui vivait à si petit bruit en haut du belvédère. « Elle est comme sa propre chrysalide, et par ma faute… » À l'heure des jeux conjugaux, elle se bannissait si strictement qu'Alain ne l'avait jamais vue dans la

1. *Moue* (f.) : mouvement des lèvres en les allongeant.
2. *Chênaie* (f.) : lieu planté de chênes (grands arbres feuillus d'Europe, pouvant vivre plus de 500 ans).
3. *Chiendent* (m.) : herbe nuisible aux cultures.

chambre triangulaire.

Elle mangeait juste assez, perdait son langage varié, ses exigences et préférait à tout sa longue attente. « De nouveau, elle attend derrière des barreaux… Elle m'attend. »

La voix éclatante de Camille, comme il atteignait le palier [1], franchit la porte fermée :

— C'est cette sacrée cochonnerie de bête ! Et qu'elle crève [2], bon Dieu ! Quoi ?… Non, madame Buque, quand vous direz… Je m'en fous ! Je m'en fous !

Il distingua encore quelques mots injurieux. Très doucement il tourna la clef dans la serrure, mais ne put consentir, passé son propre seuil, à écouter sans être vu. « Une sacrée cochonnerie de bête ? Mais quelle bête ? Une bête dans la maison ? »

Dans le studio, Camille, en petit pull-over sans manches, un béret de tricot accroché miraculeusement sur l'occiput, chaussait avec rage ses mains nues de gants à entonnoirs, et elle parut stupéfaite à la vue de son mari.— C'est toi !… D'où sors-tu ?

— Je ne sors pas, je rentre. Toi, à qui en as-tu ? [3]

Elle tourna l'obstacle, attaqua Alain par une volte habile.

— Te voilà bien tranchant, pour une fois que tu es à l'heure. Je suis prête, moi, je t'attends !

— Tu ne m'attends pas, puisque je suis à l'heure. À qui en avais-tu ? J'ai entendu : sacrée cochonnerie de bête… Quelle bête ?

Elle loucha très légèrement, mais soutint le regard d'Alain.

— Le chien, cria-t-elle. Le damné chien d'en bas, le chien du matin et du soir ! Ça le reprend ! Tu ne l'entends pas aboyer ? Écoute !

1. *Palier* (m.) : dans un escalier, plate-forme devant la porte d'un appartement.
2. *Qu'elle crève* (argot) : qu'elle meure!
3. *À qui en as-tu ?* (familier) : contre qui es-tu en colère ?

Le doigt levé elle commandait l'attention, et Alain eut le temps de s'apercevoir que le doigt ganté tremblait. Il céda à un naïf besoin de certitude.

— J'ai cru que c'était de Saha que tu parlais, figure-toi…

— Moi ? s'écria Camille. Parler de Saha sur ce ton-là ? Je ne m'y frotterais pas [1]. Qu'est-ce qui me tomberait ! Tu viens, enfin, tu viens ?

— Sors la voiture, je te rejoins en bas. Je me cherche un mouchoir et un pull-over…

Il s'enquit [2] d'abord de la chatte, et ne vit sur la terrasse la plus fraîche, près du fauteuil de toile où Camille dormait parfois l'après-midi, que des éclats de verre brisés, qu'il interrogea d'un œil stupide.

— La chatte est avec moi, Monsieur, dit la voix flûtée [3] de Mme Buque. Elle aime bien mon tabouret de paille. Elle fait ses griffes dessus.

« Dans la cuisine ! » songea douloureusement Alain. « Mon petit puma, ma chatte des jardins, ma chatte des lilas et des hannetons, dans la cuisine !… Ah ! tout ça va changer ! »

Il embrassa Saha sur le front, lui chanta tout bas quelques versets rituels et lui promit le chiendent et les fleurs d'acacia sucrées. Mais il trouva que la chatte et Mme Buque manquaient de naturel, Mme Buque surtout.

— Nous rentrons dîner, ou bien nous ne rentrons pas, madame Buque. La chatte a tout ce qu'il lui faut ?

— Oui, Monsieur, oui, oui, Monsieur, dit Mme Buque avec précipitation. Je fais bien tout ce que je peux, j'assure à Monsieur…

1. *Je ne m'y frotterais pas* (familier) : je ne prendrais pas ce risque.
2. *Il s'enquit* (verbe *s'enquérir*) : il s'informa.
3. *Voix flûtée* : voix douce comme le son d'une flûte.

La grosse femme était rouge et semblait près des larmes ; elle passa sur le dos de la chatte une main amicale et maladroite. Saha bomba le dos et proféra un petit « m'hain », une parole de chat pauvre et timide, qui gonfla de tristesse le cœur de son ami.

La promenade fut plus douce qu'il ne l'espérait. Assise au volant, l'œil agile, le pied et la main d'accord, Camille le mena jusqu'au coteau de Montfort-l'Amaury [1].

— On dîne dehors, Alain ?… Mon chéri ?

Elle lui souriait de profil, belle comme toujours au crépuscule, la joue brune et transparente, le coin de l'œil et les dents du même blanc étincelant. Dans la forêt de Rambouillet elle abattit le pare-brise et le vent emplit les oreilles d'Alain d'un bruit de feuillages et d'eau courante.

— Un petit lapin !… criait Camille. Un faisan !

— Encore un lapin ! Un peu plus…

— Il ne connaît pas sa veine, celui-là !

— Tu as une fossette [2] dans la joue comme sur tes photographies d'enfant, dit Alain qui s'animait.

— Ne m'en parle pas, je deviens énorme ! dit-elle en secouant les épaules.

Il guetta le retour du rire et de la fossette, et son attention descendit jusqu'au cou robuste, net de tout collier de Vénus, un cou inflexible et rond de belle négresse blanche. « Mais oui, elle a engraissé. De la plus séduisante façon, d'ailleurs, car ses seins, eux aussi… » Il fit un retour sur lui-même, et buta, morose, contre l'antique grief [3] viril : « Elle, elle s'engraisse à faire

1. *Montfort-l'Amaury* : ville située à 50 km au sud-ouest de Paris et construite sur une colline.

2. *Fossette* (f.) : petite cavité qui se forme sur les joues rondes des enfants ou quand on rit.

3. *Grief* (m.) : reproche.

l'amour… Elle engraisse de moi. » Il glissa une main jalouse sous son veston, tâta ses côtes, et cessa d'admirer la fossette et la joue enfantines.

Mais il eut un mouvement vaniteux en s'asseyant, un peu plus tard, à la table d'une auberge renommée, lorsque les dîneurs voisins se retinrent de parler et de manger pour regarder Camille. Et il échangea avec sa femme le sourire, le mouvement de menton, le manège de coquetterie qui convenait au « joli couple ».

Ce fut pour lui seul d'ailleurs que Camille atténua le son de sa voix, montra un peu de langueur et des prévenances qui n'étaient point de parade. En revanche, Alain lui ôta des mains le ravier [1] de tomates crues et le panier de fraises, insista pour qu'elle prît du poulet à la crème, et il lui versait un vin qu'elle n'aimait pas beaucoup, mais qu'elle buvait vite.

— Tu sais bien que je n'aime pas le vin, répétait-elle chaque fois qu'elle vidait son verre.

Le soleil couché n'emportait pas la lumière du ciel presque blanc, à petites nues pommelées d'un rose sombre. Mais de la forêt, debout et massive derrière les tables de l'auberge, semblaient sortir ensemble la nuit et la fraîcheur. Camille posa sa main sur celle d'Alain. — Quoi ? quoi ? Qu'est-ce qu'il y a ? dit-il effrayé.

Elle retira sa main, étonnée. Le peu de vin qu'elle avait bu riait, humide, dans ses yeux où brillait l'image toute petite et oscillante des ballons roses suspendus à la pergola.

— Mais rien, voyons ! Nerveux comme un chat… C'est défendu, de mettre ma main sur la tienne ?

— J'ai cru, avoua-t-il lâchement, j'ai cru que tu voulais me

1. *Ravier* (m.) : petit plat allongé où l'on sert les hors-d'œuvre.

dire quelque chose... de grave... J'ai cru, dit-il d'un trait[1], que tu allais me dire que tu étais enceinte...

Le petit rire aigu de Camille attira sur elle l'attention des hommes attablés.

— Et ça t'a bouleversé à ce point-là ?... De joie ou... d'embêtement[2] ?

— Je ne sais pas au juste... Et toi, qu'est-ce que ça te ferait ? Contente ou pas contente ? Nous y avons si peu pensé... moi du moins... Mais pourquoi ris-tu ?

— C'est ta figure... Tout d'un coup une figure de condamné... C'est trop drôle. Tu vas me faire dégommer mes cils...

Elle soulevait, sur ses deux index, les cils de ses deux paupières.

— Ce n'est pas drôle, c'est grave, dit Alain, heureux de donner le change[3]. « Mais pourquoi ai-je eu si peur ? » pensait-il.

— Ce n'est grave, dit Camille, que pour les gens qui n'ont pas de logement, ou qui n'ont que deux pièces. Mais nous...

Sereine, équilibrée dans l'optimisme par le vin traître, elle fumait et parlait comme si elle eût été seule, le flanc à la table et les jambes croisées.

— Baisse ta jupe, Camille.

Elle ne l'entendit pas, et poursuivit :

— Nous, on a l'essentiel pour un enfant ; un jardin, et quel !... Et une chambre rêvée, avec sa salle de bains.

— Une chambre ?

— Ton ancienne chambre, qu'on repeint, — par exemple tu

1. *D'un trait* : d'un seul coup.
2. *Embêtement* (m., familier) : contrariété, désagrément.
3. *Donner le change* : induire en erreur, tromper.

seras bien gentil de ne pas y exiger une frise de petits canards et de sapins des Vosges sur fond ciel… Ça fausserait le goût de notre descendance…

Il se garda de l'arrêter. Les joues échauffées, elle parlait avec nonchalance, contemplant au loin ce qu'elle construisait. Il ne l'avait jamais vue aussi belle. La base de son cou, fût sans plis, faisceau de muscles enveloppés, le retenait et aussi les narines qui soufflaient la fumée… « Quand je lui fais plaisir et qu'elle serre la bouche, elle respire en ouvrant les narines comme un petit cheval… »

Il entendit tomber, des lèvres rougies et dédaigneuses, des prédictions si folles qu'elles cessèrent de l'épouvanter : Camille avançait tranquillement dans sa vie de femme, parmi les décombres [1] du passé d'Alain. « Mâtin [2] », jugea-t-il, « comme c'est organisé… J'en apprends ! » Un tennis remplacerait plus tard la grande pelouse inutile… La cuisine et l'office…

— Tu ne t'es jamais rendu compte de leur incommodité, et de la place perdue ? C'est comme le garage… Tout ce que j'en dis, mon chéri, c'est pour que tu saches que je pense beaucoup à notre installation véritable… Avant tout, nous devons ménager ta mère qui est d'une telle gentillesse et ne jamais nous passer de son approbation… N'est-ce pas ?

Il faisait signe que oui, il faisait signe que non, au petit bonheur [3], en ramassant des fraises des bois égaillées [4] sur la nappe. Un repos provisoire, un avant-goût d'indifférence, à partir de « ton ancienne chambre », l'avaient immunisé.

— Une seule chose peut nous presser, continua Camille,

1. *Décombres* (m. pl.) : ruines après démolition.
2. *Mâtin* (vieilli) : interjection exprimant l'étonnement.
3. *Au petit bonheur* : au hasard, sans réfléchir.
4. *Égaillé* : dispersé.

la dernière carte postale de Patrick est datée des Baléares, attention... Il faut moins de temps à Patrick pour venir des Baléares, s'il n'y traîne pas sur les plages, qu'à notre décorateur pour tout finir — qu'il crève tout violet, cet enfant de Pénélope couverte par une tortue mâle ! Mais je prendrais ma voix de sirène : « Mon petit Patrick... » Et tu sais qu'elle lui fait beaucoup d'impression, ma voix de sirène, à Patrick...

— Des Baléares... interrompit Alain songeur. Des Baléares...

— La porte à côté, autant dire... Où vas-tu ? Tu veux qu'on s'en aille ? On était si bien...

Debout, dégrisée [1], elle bâillait de sommeil et frissonnait.

— Je prends le volant, dit Alain. Mets le vieux manteau qui est sous le coussin. Et dors.

Une mitraille d'éphémères, des papillons de vif-argent, des lucanes durs comme des cailloux accouraient au-devant des phares, et l'automobile refoulait, comme une onde, l'air encombré d'ailes. Camille s'endormit en effet, toute droite, entraînée à ne point charger, même endormie, l'épaule et le bras du conducteur. Elle saluait seulement, à petits coups de tête, les cassis [2] de la route.

« Des Baléares... », se répétait Alain. À la faveur de l'air noir, des feux blancs qui captaient, repoussaient, décimaient les créatures volantes, il réintégrait le vestibule surpeuplé de ses songes, le firmament à poussières de visages éclatés, de gros yeux ennemis qui remettaient au lendemain une reddition [3], un mot de passe, un chiffre. Si bien qu'il omit [4] de couper au plus

1. *Dégrisée* : elle n'était plus ivre (l'effet du vin avait cessé).
2. *Cassis* (m.) : dépression transversale brusque d'une route.
3. *Reddition* (f.) : capitulation.
4. *Il omit* (verbe *omettre*) : il oublia.

court entre Pontchartrain et l'octroi [1] de Versailles, et Camille grogna dans son sommeil. « Bravo ! » applaudit Alain. « Bon réflexe. Bons petits sens fidèles et vigilants... Ah ! comme je te trouve aimable, comme notre accord est facile quand tu dors et que je veille... »

La rosée mouillait leurs cheveux nus, leurs manches, quand ils mirent pied à terre dans leur rue neuve, déserte sous le clair de lune. Alain leva la tête : au centre de la lune presque ronde, en haut des neuf étages, une petite ombre cornue de chat, penchée, attendait. Il la montra à Camille :

— Regarde ! Comme elle attend !

— Tu as de bons yeux, dit Camille bâillant.

— Si elle tombait ! Ne l'appelle pas, surtout !

— Tu peux être tranquille, dit Camille. Si je l'appelais, elle ne viendrait pas.

— Pour cause [2], ricana [3] Alain.

Dès qu'il eut laissé échapper ces deux mots il se les reprocha. « Trop tôt, trop tôt. Et quelle heure mal choisie ! » La main que Camille tendait vers le bouton de sonnerie ne toucha pas son but.

— Pour cause ? Pour quelle cause ? Allons, vas-y. J'ai encore manqué de respect à l'animal-tabou ? La chatte s'est plainte de moi ?

« Je suis bien avancé », pensait Alain en fermant le garage. Il retraversa la rue, rejoignit sa femme qui l'attendait en posture de

1. *Octroi* (m.) : bureau où on payait des taxes pour faire entrer certaines denrées dans une ville (supprimé en 1948, il existait depuis le XIIIe siècle).

2. *Pour cause* (familier) : on sait bien pourquoi, pour quelle cause, c'est évident.

3. *Ricana* (verbe *ricaner*) : rit de façon moqueuse et désagréable.

bataille. « Ou je mets les pouces [1] en l'échange d'une nuit tranquille — ou j'éteins, d'une bonne bourrade [2], le débat, — ou… C'est trop tôt. »

— Eh bien, je te parle !

— Montons d'abord, dit Alain.

Ils se turent dans l'ascenseur exigu, serrés l'un contre l'autre. Dès le studio, Camille jeta loin d'elle son béret et ses gants, comme pour marquer qu'elle n'abandonnait pas la querelle. Alain s'occupait de Saha, l'invitait à quitter son poste périlleux. Patiente, empressée à ne pas lui déplaire, la chatte le suivit dans la salle de bains.

— Si c'est à cause de ce que tu as entendu avant le dîner, quand tu es rentré… commença Camille sur le mode aigu, dès qu'il reparut…

Alain avait pris son parti [3] et l'interrompit d'un air las :

— Mon petit, qu'est-ce que nous allons nous dire ? Rien que nous ne sachions. Que tu n'aimes guère la chatte, que tu as engueulé la mère Buque parce que la chatte a cassé un vase, — ou un verre, j'ai vu les morceaux ? Je te répondrai que je tiens à Saha, que ta jalousie serait la même à peu près si j'avais gardé une chaude affection pour un ami d'enfance… Et la nuit y passerait. Merci bien. J'aime mieux dormir. Tiens, la prochaine fois, je te conseille de prendre les devants [4] et d'avoir un petit chien.

Saisie, embarrassée de sa colère sans emploi, Camille le regardait, les sourcils hauts.

1. *Je mets les pouces* : je cède, je ne résiste plus, je demande une trêve.
2. *Bourrade* (f.) : coup brusque.
3. *Il avait pris son parti* : il s'était résigné.
4. *Prendre les devants* : agir avant quelqu'un pour l'empêcher de faire quelque chose.

— La prochaine fois ? Quelle prochaine fois ? Qu'est-ce que tu veux dire ? Quels devants ?

Comme Alain haussait les épaules, elle devint rouge et dans son visage redevenu très jeune, l'extrême éclat de ses yeux présagea des larmes : « Ah ! je m'ennuie… », gémit Alain en lui-même. « Elle va avouer. Elle va me donner raison. Je m'ennuie… »

— Écoute, Alain.

Avec effort, il feignit la violence, imita l'autorité.

— Non, mon petit. Non et non. Tu n'obtiendras pas de moi que je termine cette soirée, qui a été charmante, par une discussion stérile ! Non, tu ne changeras pas en drame un enfantillage [1], pas plus que tu ne m'empêcheras d'aimer les animaux !

Une sorte de gaieté amère passa dans les yeux de Camille, mais elle ne parla pas. « J'ai peut-être été un peu fort. Enfantillage était de trop. Et pour ce qui est d'aimer les animaux, qu'en sais-je ?… » Une petite forme d'un bleu d'ombre, cernée, comme un nuage, d'un ourlet d'argent, assise au bord vertigineux de la nuit, occupa sa pensée et l'écarta du lieu sans âme où pied à pied il défendait sa chance d'isolement, son égoïsme, sa poésie…

— Allons, ma petite ennemie, dit-il avec une grâce déloyale, allons nous reposer.

Elle ouvrit la porte de la salle de bains où Saha, installée pour la nuit sur le tabouret-éponge, ne parut lui accorder qu'un minimum d'attention.

— Mais pourquoi, mais pourquoi… Pourquoi m'as-tu dit : la prochaine fois…

Le bruit de l'eau couvrait et coupait la voix de Camille, à qui

1. *Enfantillage* (m.) : action propre aux enfants ou peu importante.

Alain ne répondait plus. Lorsqu'il la rejoignit dans le vaste lit, il lui souhaita une bonne nuit, l'embrassa au hasard sur son nez sans poudre, tandis que la bouche de Camille lui baisait le menton avec un petit bruit avide.

Éveillé tôt, il s'en alla doucement se recoucher sur le banc de la salle d'attente, l'étroit divan serré entre deux parois de vitres.

C'est là qu'il vint, les nuits suivantes, achever son repos. Il fermait de part et d'autre les rideaux opaques d'étoffe cirée, presque neufs et déjà à demi détruits par le soleil. Il respirait sur son corps l'arôme même de sa solitude, l'âpre parfum félin de la bugrane [1] et du buis fleuri. Un bras étendu, l'autre plié sur sa poitrine, il reprenait l'attitude molle et souveraine de ses sommeils d'enfant. Suspendu au faîte [2] étroit de la maison triangulaire, il favorisait de toutes ses forces le retour des songes anciens, que la fatigue amoureuse avait désagrégés.

Il s'échappait plus aisément que Camille ne l'eût voulu, contraint qu'il était de fuir sur place, par rétraction pure, depuis que l'évasion ne signifiait plus un escalier descendu à pas légers, le claquement d'une portière de taxi, une lettre brève… Aucune maîtresse ne lui avait donné de prévoir Camille et sa facilité de jeune fille, Camille et son appétit sans calcul, mais aussi Camille et son point d'honneur de partenaire offensé.

Évadé, recouché sur le banc de la salle d'attente, et cherchant de la nuque un petit coussin boudiné qu'il préférait à tous, Alain tendait une oreille inquiète vers la chambre qu'il venait de quitter. Mais jamais Camille ne rouvrit la porte. Seule, elle ramenait sur elle le drap froissé et la couverture de soie ouatée, mordait de dépit [3] et de regret son index plié, et abaissait d'une

1. *Bugrane* (f.) : plante des champs à fleurs roses et à rameaux épineux.
2. *Faîte* (m.) : partie la plus haute, sommet.
3. *Dépit* (m.) : peine mêlée de ressentiment due à une déception.

tape sèche la longue paupière de métal chromé qui projetait, en travers du lit, un pont étroit de lumière blanche. Alain ne sut jamais si elle avait dormi dans le lit vide où elle apprenait, si jeune, qu'une nuit solitaire impose un réveil armé, puisqu'elle reparaissait fraîche, un peu parée [1], délaissant le peignoir-éponge et le pyjama de la veille. Mais elle ne pouvait pas comprendre que l'humeur sensuelle de l'homme est une saison brève, dont le retour incertain n'est jamais un recommencement.

Couché, seul, baigné d'air nocturne, mesurant le silence et la hauteur de sa cime par les cris affaiblis des bateaux sur la Seine proche, l'infidèle retardait son sommeil jusqu'à l'apparition de Saha. Elle venait à lui, ombre plus bleue que l'ombre, sur le bord de la verrière ouverte. Elle y restait aux aguets [2] et ne descendait pas sur la poitrine d'Alain, encore qu'il l'en priât par des paroles qu'elle reconnaissait.

— Viens, mon petit puma, viens… Ma chatte des cimes, ma chatte des lilas, Saha, Saha…

Elle résistait, assise au-dessus de lui sur le rebord de la fenêtre. Il ne distinguait d'elle que sa forme de chatte sur le ciel, son menton penché, ses oreilles passionnément orientées vers lui, et jamais il ne put surprendre l'expression de son regard.

Parfois l'aube sèche, l'aube d'avant le lever du vent, les vit assis sur la terrasse de l'est, contemplant joue à joue le pâlissement du ciel et l'essor des pigeons blancs quittant, un à un, le beau cèdre de la Folie-Saint-James [3]. Ensemble ils s'étonnaient d'être si loin au-dessus de la terre, si seuls, et si peu

1. *Parée* : bien habillée, maquillée, ornée.
2. *Aux aguets* : sur ses gardes, en épiant.
3. *La Folie-Saint-James* : près de la porte de Neuilly (sortie ouest de Paris) et au nord du Bois de Boulogne, il y avait une « Folie » (petit château) et un parc datant de 1775. Il n'existent plus aujourd'hui.

heureux. D'un mouvement ardent et onduleux de chasseresse, Saha suivait le vol des pigeons, et exhalait quelques « ...ek... ek... », écho affaibli des « mouek... mouek... » d'excitation, de convoitise et de jeu violent.

— Notre chambre, lui disait Alain dans l'oreille. Notre jardin, notre maison...

Elle maigrissait de nouveau, et Alain la trouvait légère et ravissante. Mais il souffrait de la voir si douce, et patiente comme tous ceux que lasse et soutient une promesse.

Le sommeil reprenait Alain à mesure que le jour, éclos, raccourcissait les ombres. Découronné d'abord et élargi par la brume de Paris, puis rapetissé, allégé et déjà brûlant, le soleil montait, allumant un crépitement de passereaux dans les jardins. La lumière accrue révélait sur les terrasses, au bord des balcons, dans les courettes [1] où languissaient des arbustes captifs, le désordre d'une nuit chaude, un vêtement oublié sur une chaise longue en rotin, des verres vides sur un guéridon de tôle, une paire de sandales. Alain haïssait cette impudeur des petits logis opprimés par l'été, et il regagnait son lit d'un bond, par un panneau béant de la verrière. En bas de la maison à neuf étages, dans un petit jardin de légumes grêles, un jardinier levait la tête pour voir ce jeune homme blanc qui perçait, d'un saut de cambrioleur [2], la paroi translucide.

Saha ne le suivait pas. Tantôt elle penchait une oreille vers la chambre triangulaire, tantôt elle notait sans passion l'éveil d'un monde lointain, à ras de terre [3]. D'une maisonnette caduque un chien délivré s'élançait, muet, tournait autour du jardinet et ne recouvrait la voix qu'après son temps de course sans but.

1. *Courette* (f.) : petite cour.
2. *Cambrioleur* (m.) : voleur.
3. *À ras de terre* : au niveau du sol, de la terre.

Des femmes paraissaient aux fenêtres, une servante furieuse claquait les portes, secouait des coussins orange sur un toit plat à l'italienne, — des hommes, éveillés à regret, allumaient l'amère première cigarette… Enfin, dans la cuisine sans feu du Quart-de-Brie s'entrechoquaient la cafetière automatique à sifflet et la théière électrique [1] ; — par le hublot de la salle de bains s'envolaient le parfum et le bâillement rugi de Camille… Saha, résignée, repliait ses pattes sous son ventre et feignait le sommeil.

1. *La cafetière automatique* […] *électrique* : ce sont des signes de modernité pour cette époque (années 30).

Chapitre VII

Ce chapitre étant particulièrement long nous nous proposons de le diviser en quatre parties et de définir ce qui constitue la particularité de chacune d'elles.

I. pp. 79-86

1. De quels autres passages des chapitres précédents pouvez-vous rapprocher ces pages.

2. Comment définiriez-vous la façon dont sont narrés les différents événements ou moments qui sont rapportés ?

II. pp. 86-90

1. Qu'est-ce qui fait de ce passage (cadre spatio-temporel, personnages) une « scène » unique qui rompt avec le mode de narration précédent ?

2. En quoi ce passage exemplifie-t-il « le mensonge » annoncé en conclusion de la lère partie ?

III. pp. 90-100

1. Quels sont les éléments narratifs qui marquent la continuité entre ce passage et celui qui le précède ?

2. En quoi réside l'unité de ce passage ?

3. Quand avait commencé la journée qui se conclut ici ?

IV. pp. 101-104

1. Qu'y a-t-il de comparable entre cette fin de chapitre et son début (lère partie) ?

2. Quel est le lien entre cette partie et ce qui précède ?

Ière PARTIE (pages 79-86)

I. Cadre spatio-temporel

1. Deux « saisons » sont évoquées au début de ce chapitre. Quelle est celle – réelle – qui correspond au moment de la narration et celle – métaphorique – qui caractérise le rapport du couple ?
Comment sont caractérisées ces deux « saisons » et quel rôle jouent-elles dans le récit ?

2. Les deux espaces alternatifs auxquels aspirent les deux personnages sont à l'opposé l'un de l'autre et exclusifs. Montrez-le en analysant les projets de voyage de Camille et le désir de « retour à la maison natale » d'Alain.

3. Le lit et le sommeil délimitent un autre lieu où « l'inconciliabilité » et même « l'inimitié » peuvent s'épanouir. Qu'est-ce qui caractérise cette « région » métaphorique et de qui est-elle le fait ?

II. Personnages

1. Pourquoi Camille est-elle maintenant appelée par l'auteur « la jeune femme étrangère » ? Et Alain « le dramatique jeune homme » ?

2. Quelles sont les caractéristiques physiques de Camille – et une plus particulièrement – qui concentrent l'attention d'Alain et de quelle nature sont les effets qu'elles suscitent en lui ?

3. Montrez comment aux « défauts » physiques de Camille semblent faire contrepoint ses « mérites » de jeune épousée sensuelle et « sans malice ».

4. Comment se manifestent la sournoiserie et l'hostilité d'Alain ?

5. En quoi Camille est-elle « condamnée » par Alain ?

6. Quels sont les termes ou expressions qui évoquent l'amour physique du couple ? Que peut-on en déduire ?

III. Procédés narratifs

1. Montrez que dans ce passage le point de vue de l'auteur se confond avec celui du personnage masculin.
Pour qui le lecteur est-il amené à prendre parti ?

2. Étudiez dans le comportement d'Alain les manifestations de la dissimulation avec son corollaire immédiatement successif, le mensonge.

3. Cherchez la définition la plus précise du terme « inconciliabilité » (avec ses synonymes et contraires) et montrez comment son emploi est pleinement justifié dans le texte.

IV. À partir du texte...

1. « L'inimitié de l'homme à la femme » : pensez-vous que cette sorte de « sentence » de l'auteur puisse se justifier ?

IIe PARTIE (pages 86-90)

I. Cadre spatio-temporel

1. À l'aide de quels termes et indices grammaticaux est signifiée dans ce passage la singularité du cadre temporel ?

2. Le jardin, la maison et ses habitants sont ici plus que jamais le domaine d'Alain : quels sont les termes désignant cette possession et cette alliance ?

II. Personnages

1. En quoi consiste la clandestinité de la visite d'Alain à sa maison natale ?
Pourquoi ce retour peut-il être considéré comme une variante de l'exclusion ?

2. Que cherche à savoir Alain :
a) des domestiques ?
b) de sa mère ?
Qu'obtient-il de chacun d'eux ?

3. Les domestiques sont appelés par l'auteur « juges du sous-sol », « partisans », « complices » « souterraine cohorte alliée ». Justifiez chacun de ces termes.

4. Quels sont les chefs d'accusation des domestiques contre Camille ?
Analysez les modalités d'expression et montrez que les registres visés sont très variés.

5. D'après la position spatiale d'Alain et de sa mère, et leurs gestes, comment pouvez-vous caractériser leur rapport ?

III. Procédés narratifs

1. En quoi ce retour d'Alain à la maison natale ressemble-t-il et diffère-t-il des retours précédents (cf. chapitres IV et V) ?

2. Comment l'intrigue procède-t-elle dans ce passage ? (Comment Alain prépare-t-il son retour définitif sans Camille ?)

3. Montrez que la chatte, à la fin de cette partie, semble servir à la fois de prétexte et de stimulant aux projets d'Alain.

IV. À partir du texte...

1. Le héros écoute, caché, des propos qui ne lui sont pas destinés : donnez d'autres exemples littéraires de cette situation narrative en précisant les effets de telles révélations.

IIIe PARTIE (pages 90-100)

I. Cadre spatio-temporel

1. À quel moment de la journée se situent les actions décrites dans ces pages ?

2. Où et quand se termine l'action commencée p. 85 (« Il vint, par un après-midi de feu pur... ») ?

3. Donnez les étapes principales des déplacements de Camille et Alain. Comment les représenteriez-vous sur un schéma graphique ?

4. Deux lieux sont évoqués dans la conversation entre Alain et Camille : la chambre de la maison natale et les Baléares, d'où arrive Patrick, le propriétaire du studio. En quoi sont-ils liés et quel rôle fondamental jouent-ils pour la progression de l'intrigue ?

5. En quoi la vision de la chatte attendant sur le parapet du 9e étage (évoquée deux fois dans ce passage) constitue-telle un véritable « tableau » (formes, couleurs, atmosphère) ?

II. Personnages

1. « Camille avançait tranquillement dans sa vie de femme, parmi les décombres du passé d'Alain » (p. 96). Commentez cette phrase qui résume le comportement de Camille et sous-entend « l'inconciliabilité » du couple.

2. Sur quels indices réels ou imaginaires Alain conforte-t-il « l'antique grief viril » ?

3. Quels sont dans ce passage les motifs de discussion sinon de dispute du couple ?
À quels – rares – moments retrouvent-ils un rapport serein ou du moins pacifié ?

4. De quelles tactiques use Alain pour éviter de s'affronter avec Camille ? Pourquoi ? En quoi est-il « déloyal » ?

5. Alain défend « sa chance d'isolement, son égoïsme, sa poésie » : en quoi cette recherche l'éloigne-t-elle de Camille et nécessite-t-elle la présence de la chatte ?

III. Procédés narratifs

1. Les dialogues Alain-Camille ne s'interrompent que pour laisser place aux habituels monologues intérieurs d'Alain. Relevez dans chacun d'eux l'hostilité latente ou manifeste.

2. Il semble que maintenant Alain attende le moment propice pour s'éloigner définitivement de Camille : quels termes répétés intérieurement ou adressés à Camille le mettent en évidence ?

3. Montrez que dans ces pages – comme dans d'autres précédentes – la nuit, le sommeil et la rêverie – « le vestibule surpeuplé de ses songes » – sont des éléments indispensables à l'évolution du héros masculin.

4. Le triangle amoureux est sur le point d'éclater. À quels signes peut-on le voir ?

IV. À partir du texte...

1. Relevez les marques de l'oralité dans les dialogues (langage familier ou argotique, phrases non terminées, répétitions ou reprises de certains mots ou membres de phrases, exclamations, interrogations, sous-entendus, indications d'intonations de voix...).

IVe PARTIE (pages 101-104)

I. Cadre spatio-temporel

1. En quoi « la salle d'attente » et « la terrasse de l'est » constituent-elles un substitut de la maison natale ? Et par qui sont-elles utilisées et pour quelles activités ?

2. Montrez comment cet espace marginal par rapport à l'appartement conjugal trouve son pendant dans « le nid » construit sur le flanc de la maison natale.

3. Qu'est-ce qui fait de la nuit et de l'aube, deux moments essentiels et privilégiés pour Alain ?

4. Quels sont les principaux défauts (pour l'auteur et son héros) du paysage extérieur du studio ?
Par opposition, quels sont les mérites inaliénables de l'espace, du lieu idéal ?

II. Personnages

1. Étudiez dans ce passage comment est décrit le comportement « d'évadé » d'Alain et comment l'on retrouve ici sa forte tendance régressive (= retour à l'enfance).

2. Qu'est-ce que fuit Alain et que recherche-t-il ?

3. Pourquoi la chatte refuse-t-elle de rejoindre Alain dans la salle d'attente ?

4. Sur quoi se fonde l'unité du couple Alain-Saha ?

5. Comment sont montrées et jugées les réactions de Camille à « l'infidélité » d'Alain ?

III. Procédés narratifs

1. À quels éléments morpho-syntaxiques reconnaissez-vous que les actions narrées en cette fin de chapitre se sont répétées plusieurs fois.

2. Relevez les verbes et les adjectifs qui décrivent la condition matérielle et psychologique dans laquelle se trouvent Alain et sa chatte. Que semblent-ils préfigurer pour la suite.

3. Le point de vue du « jardinier » : en quoi est-il unique et remarquable ?

4. Qu'il soit ardemment recherché (Alain) ou feint (Saha), le sommeil joue encore ici un rôle fondamental. Analysez les passages où il est évoqué.

IV. À partir du texte...

1. Ce passage est marqué de trois « sentences » de l'auteur concernant chacun des trois protagonistes (pp. 102-103). Commentez chacune d'elles et plus particulièrement la troisième qui assimile la chatte à une héroïne romantique.

Chapitre VIII

Un soir de juillet qu'elles attendaient toutes deux le retour d'Alain, Camille et la chatte se reposèrent au même parapet, la chatte couchée sur ses coudes, Camille appuyée sur ses bras croisés. Camille n'aimait pas ce balcon-terrasse réservé à la chatte, limité par deux cloisons de maçonnerie, qui le gardaient du vent et de toute communication avec la terrasse de proue.

Elles échangèrent un coup d'œil de pure investigation, et Camille n'adressa pas la parole à Saha. Accoudée [1], elle se pencha comme pour compter les étages de stores orange largués du haut en bas de la vertigineuse façade, et frôla [2] la chatte qui se leva pour lui faire place, s'étira [3], et se recoucha un peu plus loin.

Dès que Camille était seule, elle ressemblait beaucoup à la petite fille qui ne voulait pas dire bonjour, et son visage

1. *Accoudé* : appuyé sur ses coudes, sur les avant-bras.
2. *Frôla* (verbe *frôler*) : toucha légèrement en passant.
3. *S'étira* (verbe *s'étirer*) : s'allongea en étendant les membres.

retournait à l'enfance par l'expression de naïveté inhumaine, d'angélique dureté qui ennoblit les visages enfantins. Elle promenait sur Paris, sur le ciel d'où chaque jour la lumière se retirait plus tôt, un regard impartialement sévère, qui peut-être ne blâmait rien. Elle bâilla nerveusement, se redressa et fit quelques pas distraits, se pencha de nouveau, en obligeant la chatte à sauter à terre. Saha s'éloigna avec dignité et préféra rentrer dans la chambre. Mais la porte de l'hypoténuse avait été refermée, et Saha s'assit patiemment. Un instant après elle devait céder le passage à Camille, qui se mit en marche d'une cloison à l'autre, à pas brusques et longs, et la chatte sauta sur le parapet. Comme par jeu, Camille la délogea [1] en s'accoudant, et Saha, de nouveau, se gara [2] contre la porte fermée.

L'œil au loin, immobile, Camille lui tournait le dos. Pourtant la chatte regardait le dos de Camille, et son souffle s'accélérait. Elle se leva, tourna deux ou trois fois sur elle-même, interrogea la porte close... Camille n'avait pas bougé. Saha gonfla ses narines, montra une angoisse qui ressemblait à la nausée, un miaulement long, désolé, réponse misérable à un dessein imminent et muet, lui échappa, et Camille fit volte-face.

Elle était un peu pâle, c'est-à-dire que son fard évident dessinait sur ses joues deux lunes ovales. Elle affectait l'air distrait, comme elle l'eût fait sous un regard humain. Même elle commença un chantonnement à bouche fermée, et reprit sa promenade de l'une à l'autre cloison, sur le rythme de son chant, mais la voix lui manqua. Elle contraignit la chatte, que son pied allait meurtrir [3], à regagner d'un saut son étroit observatoire, puis à se coller contre la porte.

1. *Délogea* (verbe *déloger*) : chassa, expulsa.
2. *Se gara* (verbe *se garer*) : se mit à l'écart, à l'abri.
3. *Meurtrir* : blesser.

Saha s'était reprise, et fût morte plutôt que de jeter un second cri. Traquant [1] la chatte sans paraître la voir, Camille alla, vint, dans un complet silence. Saha ne sautait sur le parapet que lorsque les pieds de Camille arrivaient sur elle, et elle ne retrouvait le sol du balcon que pour éviter le bras tendu qui l'eût précipitée du haut des neuf étages.

Elle fuyait avec méthode, bondissait soigneusement, tenait ses yeux fixés sur l'adversaire, et ne condescendait ni à la fureur, ni à la supplication. L'émotion extrême, la crainte de mourir, mouillèrent de sueur la sensible plante de ses pattes, qui marquèrent des empreintes [2] de fleurs sur le balcon stuqué.

Camille sembla faiblir la première, et disperser sa force criminelle. Elle commit la faute de remarquer que le soleil s'éteignait, donna un coup d'œil à son bracelet-montre, prêta l'oreille à un tintement de cristaux dans l'appartement. Quelques instants encore et sa résolution, en l'abandonnant comme le sommeil quitte le somnambule, la laisserait innocente et épuisée… Saha sentit chanceler [3] la fermeté de son ennemie, hésita sur le parapet, et Camille, tendant les deux bras, la poussa dans le vide.

Elle eut le temps d'entendre le crissement des griffes sur le torchis [4], de voir le corps bleu de Saha tordu en S, agrippé à l'air avec une force ascendante de truite [5], puis elle recula et s'accota [6] au mur.

1. *Traquant* (verbe *traquer*) : poursuivant, serrant de près.
2. *Empreinte* (f.) : marque que laisse un pied ou une patte.
3. *Chanceler* : vaciller ; perdre de l'assurance.
4. *Torchis* (m.) : mélange de terre et de paille pour lier les pierres d'un mur.
5. *Truite* (f.) : poisson de rivière voisin du saumon.
6. *S'accota* (verbe *s'accoter*) : s'appuya.

Elle ne montra aucune tentation de regarder en bas, dans le petit potager cerné de moellons neufs. Rentrée dans la chambre, elle posa ses mains sur ses oreilles, les retira, secoua la tête comme si elle entendait un chant de moustique, s'assit et faillit s'endormir ; mais la nuit tombante la remit debout et elle chassa le crépuscule en allumant pavés de verre, rainures lumineuses, champignons aveuglants et aussi la longue paupière chromée qui versait un regard opalin en travers du lit.

Elle se déplaçait élastiquement, maniait les objets avec des mains légères, adroites, rêveuses.

— Je suis comme si j'avais maigri…, dit-elle à haute voix.

Elle changea ses vêtements, s'habilla de blanc.

— Ma mouche dans du lait, dit-elle en imitant la voix d'Alain. Ses joues se recolorèrent au passage d'un souvenir sensuel qui la rendit à la réalité, et elle attendit l'arrivée d'Alain.

Elle penchait la tête vers l'ascenseur bourdonnant, tressaillait à tous les bruits — chocs sourds de tremplin, gifles métalliques, grincements de bateau à l'ancre, musiques jugulées — qu'exhale la vie discordante d'une maison neuve. Mais elle n'eut pas l'air étonnée que le grelottement caverneux du timbre remplaçât, dans l'antichambre, le tâtonnement [1] d'une clef dans la serrure. Elle courut, et ouvrit elle-même.

— Ferme la porte, commanda Alain. Que je voie avant tout si elle n'est pas blessée. Viens, tu me donneras de la lumière.

Il portait Saha vivante dans ses bras. Il alla droit à la chambre, poussa de côté les bibelots de la coiffeuse invisible, déposa doucement la chatte sur la planche de verre. Elle se tint debout et d'aplomb [2] sur ses pattes, mais promena autour d'elle le regard de ses yeux profondément enchâssés, comme elle eût

1. *Tâtonnement* (m.) : recherche hésitante, incertaine.
2. *D'aplomb* : en équilibre stable.

fait dans un logis étranger.

— Saha !… appela Alain à mi-voix. Si elle n'a rien, ce sera un miracle… Saha !

Elle leva la tête, comme pour rassurer son ami, et appuya sa joue contre sa main.

— Marche un peu, Saha… Elle marche ! Ah ! là là… Six étages de chute… C'est le store du type du deuxième qui a amorti [1]… De là, elle a rebondi [2] sur le petit gazon des concierges, le concierge l'a vue passer en l'air. Il m'a dit : « J'ai cru que c'était un parapluie qui tombait… » Qu'est-ce qu'elle a à l'oreille ?… Non, c'est du blanc de mur. Attends, que j'écoute son cœur…

Il coucha la chatte sur le flanc et interrogea les côtes battantes, le rouage [3] minuscule et désordonné.

Ses cheveux blonds répandus, les yeux clos, il sembla dormir sur le flanc de Saha, s'éveiller avec un soupir, et apercevoir seulement Camille qui regardait, debout et silencieuse, leur groupe serré.

— Crois-tu !… Elle n'a rien, du moins je ne lui découvre rien, qu'un cœur terriblement agité, mais un cœur de chat est normalement agité. Mais comment ça a-t-il pu arriver. Je te le demande comme si tu pouvais le savoir, ma pauvre petite. Elle est tombée de ce coté-ci…, dit-il en regardant la porte-fenêtre béante… Saute à terre, Saha, si tu peux…

Elle sauta après avoir hésité, mais se recoucha sur le tapis. Elle respirait vite, et continuait de regarder, d'un regard incertain, toute la chambre.

1. *A amorti* (verbe *amortir*) : a rendu moins violent, a atténué.
2. *Elle a rebondi* (verbe *rebondir*) : elle a fait un ou plusieurs bonds après avoir touché le gazon.
3. *Rouage* (m.) : mécanisme. Il s'agit ici du cœur.

— J'ai envie de téléphoner à Chéron…

Pourtant, tu vois, elle se lave. Elle ne se laverait pas si elle avait un mal caché… Ah ! bon Dieu !

Il s'étira, jeta son veston sur le lit, vint à Camille…

— Quelle alerte… Te voilà bien jolie toute en blanc… Embrasse-moi, ma mouche dans du lait !…

Elle s'abandonna dans les bras qui se souvenaient enfin d'elle, et ne put retenir des sanglots saccadés.

— Non ?… Tu pleures ?

Il se troubla à son tour, cacha son front dans les cheveux noirs et doux.

— Je… je ne savais pas que tu étais bonne, figure-toi…

Elle eut le courage de ne pas se dégager sur ce mot. Alain, d'ailleurs, retourna vite à Saha, qu'il voulut conduire sur la terrasse à cause de la chaleur. Mais la chatte résista, se contenta de se coucher près du seuil [1], tournée vers le soir bleu comme elle. De temps en temps, elle tressaillait [2] brièvement et surveillait derrière elle le fond de la chambre triangulaire.

— C'est la commotion, expliqua Alain. J'aurais voulu l'installer dehors…

— Laisse-la, dit faiblement Camille. Puisqu'elle ne veut pas.

— Ses caprices sont des ordres. Surtout aujourd'hui ! Qu'est-ce qu'il peut bien rester de mangeable, à cette heure-ci ? Neuf heures et demie !

La mère Buque roula la table sur la terrasse, et ils dînèrent devant le Paris de l'est, le plus piqueté [3] de feux. Alain parlait beaucoup, buvait de l'eau rougie, accusait Saha de maladresse, d'imprudence, de « faute de chat »…

1. *Seuil* (m.) : partie inférieure de l'ouverture d'une porte.
2. *Elle tressaillait* (verbe *tressaillir*) : elle tremblait brusquement.
3. *Piqueté de feux* : il s'agit des points de lumières dans la nuit.

— Les « fautes de chat » sont des sortes d'erreurs sportives, des défaillances imputables [1] à l'état de civilisation et de domestication… Elles n'ont rien de commun avec des maladresses, des brusqueries presque voulues…

Mais Camille ne lui demandait plus : « Comment le sais-tu ? »

Après le dîner, il emporta Saha et entraîna Camille dans le studio, où la chatte consentit à boire le lait qu'elle avait refusé. En buvant elle tremblait de tout le corps, comme les chats qu'on abreuve de liquides trop froids.

— La commotion, répéta Alain. Je demanderai tout de même à Chéron de passer la voir demain matin… Oh ! j'oublie tout ! s'écria-t-il gaiement. Téléphone chez le concierge ! J'ai laissé dans la loge [2] le rouleau qu'y a déposé Massart, notre sacré meublier.

Camille obéit tandis qu'Alain, fatigué, détendu, tombait dans un des fauteuils errants et fermait les yeux.

— Allô ! téléphonait Camille. Oui.. Ça doit être ça… Un grand rouleau… Merci bien.

Les yeux fermés, il riait.

Elle était revenue près de lui, et le regardait rire.

— Cette petite voix que tu fais ! Qu'est-ce que c'est que cette nouvelle petite voix ? « Un grand rouleau… Merci bien », minauda-t-il [3]. C'est à la concierge que tu réserves une si petite voix ? Viens, nous ne sommes pas trop de deux pour affronter les dernières créations de Massart.

Il déroula sur la table d'ébène un grand lé de whatmann [4].

1. *Imputable à* : dû à… ; la conséquence de…
2. *Loge* (f.) : habitation du *concierge* (gardien d'immeuble).
3. *Minauda-t-il* (verbe *minauder*) : dit-il d'une voix affectée.
4. *Lé de whatmann* : rouleau de papier pour tapisser les murs.

Aussitôt Saha, amoureuse de toute paperasse [1], sauta sur le lavis [2].

— Qu'elle est gentille ! s'exclama Alain. C'est pour me montrer qu'elle n'a aucun mal. Ô ma rescapée !... Est-ce qu'elle n'a pas une bosse [3] à la tête ? Camille, tâte sa tête... Non, elle n'a pas de bosse. Tâte-lui la tête tout de même, Camille...

Une pauvre petite meurtrière, docile, essaya de sortir de la relégation où elle s'enfonçait, tendit la main et toucha doucement, avec une haine humble, le crâne de la chatte...

Le plus sauvage feulement [4], un cri, un bond d'épilepsie, répondirent à son geste, et Camille fit « ha ! » comme une brûlée. Debout sur le lavis déployé, la chatte couvrait la jeune femme d'une accusation enflammée, levait le poil de son dos, découvrait ses dents et le rouge sec de sa gueule...

Alain s'était levé, prêt à protéger l'une de l'autre, Saha et Camille.

— Attention ! Elle est... elle est peut-être folle... Saha...

Elle le dévisagea [5] avec violence, mais d'une manière lucide qui attestait la présence de sa raison.

— Qu'est-ce qu'il y a eu ? Où l'as-tu touchée ?

— Je ne l'ai pas touchée...

Ils se parlaient bas, et du bout des lèvres.

— Ça, par exemple..., dit Alain. Je ne comprends pas... Avance encore la main.

— Non, je ne veux pas ! protesta Camille. Elle est peut-être

1. *Paperasse* (f.) : papier en général sans valeur.
2. *Lavis* (m.) : technique qui tient du dessin et de la peinture.
3. *Bosse* (f.) : enflure sur la tête après un choc.
4. *Feulement* (m.) : cri du tigre.
5. *Elle le dévisagea* (verbe *dévisager*) : elle le regarda avec insistance.

enragée [1], ajouta-t-elle.

Alain se risqua à caresser Saha, qui abattit son poil hérissé, se modela sous la paume amie, mais ramena la lumière de ses yeux sur Camille.

— Ça, par exemple…, répéta Alain lentement. Tiens, elle a une écorchure [2] au nez, je n'avais pas vu… C'est du sang séché. Saha, Saha, sage… dit-il en voyant la fureur croître dans les yeux jaunes.

À cause du gonflement des joues, de la rigidité chasseresse des moustaches dardées en avant, la chatte furieuse semblait rire. L'allégresse des combats tirait les coins mauves de la gueule, bandait [3] le mobile menton musclé, et tout le félin visage s'efforçait avec un langage universel, vers un mot oublié des hommes…

— Qu'est-ce que c'est, ça ? dit brusquement Alain.

— Ça quoi ?

Sous le regard de la chatte, Camille récupérait la bravoure, et l'instinct de la défense. Penché sur le lavis, Alain déchiffrait des empreintes humides, par groupes de quatre petites taches autour d'une tache centrale irrégulière.

— Ses pattes… mouillées ? murmura Alain.

— Elle aura marché dans l'eau, dit Camille. Tu en fais des histoires avec rien !

Alain releva la tête vers la nuit sèche et bleue.

— Dans l'eau ? Dans quelle eau ?…

Il se retourna vers sa femme, enlaidi [4] singulièrement par ses yeux qu'il arrondissait.

1. *Enragé* : qui a la *rage* (maladie virulente des animaux transmissible à l'homme).
2. *Écorchure* (f.) : blessure superficielle de la peau.
3. *Bandait* (verbe *bander*) : maintenait droit et tendu.
4. *Enlaidi* : rendu laid.

— Tu ne sais pas ce que c'est que ces traces-là ? dit-il âprement. Non, tu n'en sais rien. C'est de la peur, comprends-tu, de la peur. La sueur de la peur, la sueur du chat, la seule sueur du chat… Elle a donc eu peur…

Il prit avec délicatesse une patte de devant de Saha, et du doigt essuya la plante charnue. Puis il retroussa la vivante gaine blanche où se reposaient les ongles rétractiles :

— Elle a toutes les griffes[1] cassées…, dit-il en se parlant à lui-même. Elle s'est retenue… accrochée… Elle a griffé la pierre en se retenant… Elle…

Il s'interrompit, prit sans un mot de plus la chatte sous son bras et l'emporta dans la salle de bains.

Seule, immobile, Camille prêtait l'oreille. Elle tenait ses mains nouées l`une à l'autre, et, libre, semblait chargée de liens.

— Madame Buque, disait la voix d'Alain, vous avez du lait ?

— Oui, Monsieur, dans le frigidaire.

— Alors, il est glacé ?

— Mais je peux le tiédir sur la plaque… C'est fait aussitôt que dit, tenez… C'est pour la chatte ? Elle n'est pas malade ?

— Non, elle est…

La voix d'Alain s'arrêta court, et changea :

— … Elle est un peu dégoûtée de la viande par cette chaleur… Merci, Madame Buque. Oui, vous pouvez partir. À demain matin.

Camille entendit son mari aller et venir, ouvrir un robinet, sut qu'il pourvoyait[2] la chatte de nourriture et d'eau fraîche.

Une ombre diffuse, au-dessus d'un abat-jour de métal, montait jusqu'à son visage où seules ses grandes prunelles

1. *Griffe* (f.) : ongle pointu et courbe de nombreux animaux.
2. *Il pourvoyait* (verbe *pourvoir*) : il fournissait ce qui était nécessaire.

bougeaient lentement.

Alain revint, resserrant nonchalamment sa ceinture de cuir, et se rassit [1] à la table d'ébène. Mais il ne rappela pas Camille auprès de lui, et elle dut parler la première.

— Tu l'as renvoyée, la mère Buque ?

— Oui. Il ne fallait pas ?

Il allumait une cigarette et louchait [2] sur la flamme du briquet.

— J'aurais voulu qu'elle apporte, demain matin... Oh ! c'est sans importance, ne t'excuse pas...

— Mais je ne m'excuse pas... Au fait, je l'aurais dû.

Il alla jusqu'à la baie ouverte, attiré par le bleu de la nuit. Il étudiait en lui-même un frémissement qui ne venait pas de l'émotion récente, un frémissement comparable à un trémolo d'orchestre, sourd et annonciateur. De la Folie-Saint-James une fusée monta, éclata en pétales lumineux que leur chute flétrit un à un, et le bleu nocturne recouvra sa paix, sa poudreuse profondeur. Dans le parc de la Folie, une grotte de rocailles, une colonnade, une cascade s'illuminèrent de blanc incandescent et Camille se rapprocha.

— Ils donnent une fête ?... Attendons le feu d'artifice... Tu entends les guitares ? Il ne lui répondit pas, occupé de son propre frémissement. Les poignets et les mains fourmillants, les reins las [3] et travaillés de mille piqûres, son état lui rappelait une lassitude exécrée, la fatigue des anciennes compétitions sportives, au collège — courses à pied, luttes à l'aviron —, d'où il sortait vindicatif, méprisant sa victoire ou sa défaite, palpitant et fourbu. Il n'était paisible qu'en une partie de lui-même, celle

1. *Se rassit* (verbe *se rasseoir*) : il s'assit à nouveau.
2. *Louchait* (verbe *loucher*) : était comme atteint de strabisme.
3. *Les reins las* : le dos fatigué.

qui ne s'inquiétait plus de Saha. Depuis un long moment — ou depuis un moment très court — depuis la découverte des griffes cassées, depuis la peur furibonde de Saha, il n'avait pas exactement mesuré le temps.

— Ce n'est pas un feu d'artifice, dit-il. Plutôt des danses…

Au mouvement que fit Camille près de lui dans l'ombre, il comprit qu'elle n'attendait plus sa réponse. Mais elle s'enhardit [1], et se rapprocha encore. Il la sentit venir sans appréhension, perçut de profil la robe blanche, un bras nu, un demi-visage éclairé de jaune par les lampes de l'intérieur, un demi-visage bleu absorbé par la nuit claire, deux demi-visages divisés par le petit nez régulier, doués chacun d'un grand œil qui cillait peu.

— Oui, des danses, approuva-t-elle. Ce sont des mandolines, pas des guitares… Écoute… *Les donneurs… de sé-é-réna…des* [2], *Et les belles é-écou-teu…*

Sur la note la plus haute sa voix trébucha, et elle toussa pour excuser sa défaillance.

« Mais quelle petite voix… », s'étonnait Alain. « Qu'a-t-elle fait de sa voix, grande ouverte comme ses yeux ? Elle chante d'une voix de fillette, et s'enroue [3]… »

Les mandolines se turent, la brise apporta une faible rumeur humaine de plaisir et d'applaudissements. Peu après une fusée monta, éclata en ombrelle de rayons mauves où pendaient des larmes de feu vif.

— Oh !… s'écria Camille.

Ils avaient surgi de l'ombre tous deux comme deux statues,

1. *Elle s'enhardit* (verbe *s'enhardir*) : elle reprit confiance.
2. *Les donneurs de sérénades …* : début du poème *Mandoline* de Paul Verlaine.
3. *S'enroue* (verbe *s'enrouer*) : a une voix rauque, moins nette.

Camille en marbre lilas, Alain plus blanc, les cheveux verdâtres et les prunelles décolorées. La fusée éteinte, Camille soupira.

— C'est toujours trop court… dit-elle plaintive.

La musique lointaine recommença. Mais un caprice du vent détourna le son des instruments à résonance aiguë, et les temps forts d'un des cuivres [1] d'accompagnement, sur deux notes, montèrent lourdement jusqu'à eux.

— C'est dommage, dit Camille. Ils ont sans doute le meilleur jazz. C'est *Love in the night*, qu'il joue…

Elle fredonna la mélodie d'une voix insaisissable, tremblante et haute, comme succédant à des pleurs. Cette voix nouvelle redoublait le malaise d'Alain, engendrait en lui un besoin de révélation, l'envie de briser ce qui, — depuis un long moment, ou depuis un moment très court ? — s'élevait entre Camille et lui, ce qui n'avait pas encore de nom mais grandissait vite, ce qui l'empêchait de prendre Camille par le cou comme un garçon, ce qui le tenait accoté et immobile, attentif, contre le mur encore tiède de la chaleur du jour… Il devint impatient, et dit :

— Chante encore…

Une longue pluie tricolore, en branchages retombant comme les branches des saules pleureurs [2], raya le ciel au-dessus du parc, et montra à Alain Camille étonnée, déjà défiante [3] :

— Chanter quoi ?

— *Love in the night*, ou n'importe quoi…

Elle hésita, refusa :

— Laisse que j'écoute le jazz… même d'ici on entend qu'il est d'un moelleux…

1. *Cuivres* (m. pl.) : ensemble des instruments à vent.
2. *Saule pleureur* (m.) : arbre vivant près de l'eau, à branches tombantes.
3. *Défiant* : sans confiance, craignant d'être trompé.

Il n'insista pas, contint son impatience, dompta le fourmillement dont son corps retentissait tout entier.

Un essaim [1] de petits soleils gais, qui gravitaient légers sur la nuit, prit l'essor, tandis qu'Alain les confrontait secrètement avec les constellations de ses songes préférés.

« Ceux-ci sont à retenir... je tâcherai [2] de les emporter là-bas », nota-t-il gravement. « J'ai trop négligé mes rêves... » Enfin, dans le ciel, au-dessus de la Folie, naquit et gonfla une sorte d'aurore vagabonde, jaune et rose, qui creva en médailles vermeilles, en fougères fulminantes, en rubans de métal aveuglant...

Des cris d'enfants, sur les terrasses inférieures, saluèrent le prodige à la lumière duquel Alain vit Camille distraite, absorbée, réclamée en elle-même par d'autres lueurs...

Il cessa d'hésiter dès que la nuit se referma, et glissa son bras nu sous le bras nu de Camille. En le touchant, il lui sembla qu'il le voyait, d'un blanc à peine teinté par l'été, vêtu d'un duvet à brins fins couchés sur la peau, mordorés sur l'avant-bras, plus pâles près de l'épaule...

— Tu es froide... murmura-t-il. Tu n'es pas souffrante ?

Elle pleura tout bas, si promptement qu'Alain la soupçonna d'avoir préparé ses larmes.

— Non... C'est toi... C'est toi qui... qui ne m'aimes pas.

Il s'adossa au mur, prit Camille contre sa hanche. Il la sentait tremblante, et froide de l'épaule jusqu'à ses genoux, nus au-dessus des bas roulés. Elle adhérait à lui fidèlement, et ne ménageait pas son poids.

— Ah ! Ah ! je ne t'aime pas. Bon. C'est encore une scène de jalousie à cause de Saha ?

1. *Essaim* (m.) : multitude.
2. *Je tâcherai* (verbe *tâcher*) : j'essaierai, je tenterai.

Il perçut, dans tout le corps qu'il soutenait, une onde musculeuse, une reprise de défense et d'énergie, et il insista, encouragé par l'heure, par une sorte d'opportunité indicible.

— Au lieu d'adopter comme moi cette charmante bête... Sommes-nous le seul jeune ménage à élever un chat, un chien ? Veux-tu un perroquet, un ouistiti, un couple de colombes, un chien, pour me rendre à mon tour bien jaloux ?

Elle secoua les épaules, en protestant à bouche fermée d'une voix chagrine [1]. La tête haute, Alain surveillait sa propre voix, et se stimulait. « Allez, allez... encore deux ou trois enfantillages, du remplissage, et on arrive à quelque chose... Elle est comme une jarre qu'il faut que je renverse pour la vider... Allez... Allez... »

— Veux-tu un petit lion, un crocodile enfant, de cinquante ans à peine ? Non ?... Va, tu ferais mieux d'adopter Saha... Pour peu que tu t'en donnes la peine [2], tu verras...

Camille s'arracha de ses bras, si rudement qu'il chancela.

— Non ! cria-t-elle. Ça, jamais ! Tu m'entends ? Jamais !

Elle exhala un soupir furieux, et répéta plus bas :

— Ah ! non !... Jamais.

« Ça y est », se dit Alain avec délectation.

Il poussa Camille dans la chambre, fit tomber le store extérieur, alluma au plafond le rectangle de verre et ferma la fenêtre. D'un mouvement animal, Camille se rapprocha de l'issue, qu'Alain rouvrit.

— À la condition que tu ne cries pas, dit-il.

Il roula près de Camille l'unique fauteuil, enfourcha l'unique chaise au pied du large lit découvert, nappé de frais.

Les rideaux de toile cirée, éployés pour la nuit, verdissaient

1. *Voix chagrine* : voix attristée.
2. *Pour peu que tu t'en donnes la peine* : si seulement tu fais un effort.

la pâleur de Camille et sa robe blanche froissée.

— Alors ? commença Alain. Inarrangeable ? Affreuse histoire ? Ou elle, ou toi ?

Elle répondit d'un bref signe de tête, et Alain comprit qu'il fallait abandonner le ton badin [1].

— Que veux-tu que je te dise ? reprit-il après un silence. La seule chose que je ne veux pas te dire ? Tu sais bien que je ne renoncerai pas à cette chatte. J'en aurais honte. Honte devant moi, et devant elle…

— Je sais, dit Camille.

— … Et devant toi, acheva Alain.

— Oh ! moi… dit Camille en levant la main.

— Tu comptes aussi, dit Alain durement. En somme, c'est à moi seul que tu en veux [2] ? Tu n'as rien à reprocher à Saha, que l'affection qu'elle me porte ?

Elle ne répondit que par un regard trouble et hésitant, et il fut irrité d'avoir à la questionner encore. Il avait cru qu'une scène, violente et brève, forcerait toutes les issues, il s'en était remis à cette facilité [3]. Mais, le premier cri jeté, Camille se repliait et ne fournissait d'aucun brandon [4] le brasier. Il usa de patience :

— Dis-moi, mon petit… Quoi donc ? je ne peux pas t'appeler mon petit ? Dis-moi, s'il s'agissait d'un autre chat que Saha, serais-tu moins intolérante ?

— Naturellement oui, répondit-elle très vite.

— C'est juste, dit Alain avec une loyauté calculée.

1. *Ton badin* : ton de plaisanterie légère.
2. *C'est à moi* […] *que tu en veux* (*en vouloir à quelqu'un*) : c'est contre moi que tu as de la rancune.
3. *Il s'en était remis à cette facilité* (*s'en remettre à*) : il avait fait confiance à, s'était fié à.
4. *Brandon* (m.) : torche de paille servant à mettre le feu. Camille ne fournit aucune aide à Alain dans son désir de savoir.

— Même une femme, continua Camille en s'échauffant, même une femme tu ne l'aimerais pas sans doute autant.

— C'est juste, dit Alain.

— Tu n'es pas comme les gens qui aiment les bêtes, toi... Patrick, lui, il aime les bêtes... Il prend les gros chiens par le cou, il les roule, il imite les chats pour voir la tête qu'ils feront, il siffle les oiseaux...

— Oui, enfin, il n'est pas difficile, dit Alain.

— Toi, c'est autre chose, tu aimes Saha...

— Je ne te l'ai jamais caché, mais je ne t'ai pas menti non plus quand je t'ai dit : Saha n'est pas ta rivale...

Il s'interrompit et abaissa ses paupières sur son secret, qui était un secret de pureté.

— Il y a rivale et rivale, dit Camille sarcastiquement.

Elle rougit soudain, s'enflamma d'une ivresse brusque, marcha sur Alain.

— Je vous ai vus ! cria-t-elle. Le matin, quand tu passes la nuit sur ton petit divan... Avant que le jour se lève, je vous ai vus, tous deux...

Elle tendit un bras tremblant vers la terrasse.

— Assis, tous les deux... vous ne m'avez même pas entendue ! Vous étiez comme ça, la joue contre la joue...

Elle alla jusqu'à la fenêtre, reprit haleine[1] et revint sur Alain.

— C'est à toi de dire honnêtement si j'ai tort d'en vouloir à cette chatte, et tort de souffrir.

Il garda le silence si longtemps qu'elle s'irrita de nouveau.

— Mais parle ! Dis quelque chose ! Au point où nous en sommes... Qu'est-ce que tu attends ?

— La suite, dit Alain. Le reste.

Il se leva doucement, se pencha sur sa femme, et baissa la

1. *Reprit haleine* : reprit son souffle, son élan.

voix en désignant la porte-fenêtre :

— C'est toi, n'est-ce pas ? Tu l'as jetée ?...

Elle mit, d'un mouvement prompt, le lit entre elle et lui, mais ne nia point. Il la regarda fuir avec une sorte de sourire :

— Tu l'as jetée, dit-il rêveur. J'ai bien senti que tu avais tout changé entre nous, tu l'as jetée... elle a cassé ses griffes en s'accrochant au mur...

Il baissa la tête, imagina l'attentat.

— Mais comment l'as-tu jetée ? En la tenant par la peau du cou ?... En profitant de son sommeil sur le parapet ?... Est-ce que tu as longtemps organisé ton coup ? Vous ne vous êtes pas battues, avant ?...

Il releva le front, regarda les mains et les bras de Camille.

— Non, tu n'as pas de marques. Elle t'a bien accusée, hein, quand je t'ai obligée à la toucher... Elle était magnifique...

Son regard, abandonnant Camille, embrassa la nuit, la cendre d'étoiles, les cimes des trois peupliers qu'éclairaient les lumières de la chambre...

— Eh bien, dit-il simplement, je m'en vais.

— Oh ! écoute... écoute... supplia Camille follement, très bas.

Elle le laissa pourtant sortir de la chambre. Il ouvrit les placards, parla à la chatte dans la salle de bains. Le bruit de ses pas avertit Camille qu'il venait de chausser des souliers de ville, et machinalement elle regarda l'heure. Il rentra, portant Saha dans un panier ventru dont Mme Buque se servait pour faire le marché. Vêtu à la hâte, les cheveux mal coiffés, un foulard au cou, il avait un air de désordre amoureux, et les paupières de Camille se gonflèrent. Mais elle entendit Saha remuer dans le panier, et elle serra les lèvres.

— Voilà, je m'en vais, répéta Alain.

Il abaissa les yeux, souleva un peu le panier, et corrigea avec une cruauté raisonnée :

— Nous nous en allons.

Il assujettit le couvercle d'osier [1], en expliquant :

— Je n'ai trouvé que ça dans la cuisine.

— Tu vas chez toi ? demanda Camille, en se forçant à imiter le calme d'Alain.

— Mais naturellement.

— Est-ce que tu… est-ce que je peux compter te voir ces jours-ci ?

— Mais certainement.

De surprise, elle mollit [2] encore une fois, faillit plaider [3], pleurer, s'en défendit avec effort.

— Et toi, dit Alain, tu restes seule ici, cette nuit ? Tu n'auras pas peur ? Si tu l'exigeais, je resterais, mais…

Il tourna la tête vers la terrasse.

— … Mais franchement je n'y tiens pas… Qu'est-ce que tu comptes dire, chez toi ?

Blessée qu'il la renvoyât, en paroles, aux siens, Camille se redressa.

— Je n'ai rien à leur dire. Ce sont des choses qui me regardent, je pense… je n'ai aucun goût pour les conseils de famille.

— Je te donne tout à fait raison — provisoirement.

— D'ailleurs nous pourrons décider, à partir de demain…

Il leva sa main libre pour parer à cette menace d'avenir.

— Non. Pas demain. Aujourd'hui il n'y a pas de demain.

Sur le seuil de la chambre, il se retourna.

— Dans la salle de bains, j'ai laissé ma clef, et l'argent que

1. *Osier* (m.) : arbre aux rameaux flexibles utilisés pour la confection de paniers.
2. *Elle mollit* (verbe *mollir*) : au sens figuré, elle céda, recula.
3. *Faillit plaider* : fut sur le point de se défendre.

nous avons ici…

Elle l'interrompit ironiquement :

— Pourquoi pas une caisse de conserves, et une boussole ?

Elle faisait la brave, et le toisait, une main sur la hanche, la tête d'aplomb sur son beau cou. « Elle soigne ma sortie », pensa Alain. Il voulut répliquer par une analogue coquetterie [1] de la dernière heure, rejeter ses cheveux sur son front, user du regard étouffé entre les cils et dédaigneux de se poser ; mais il renonça à une mimique incompatible avec le panier à provisions, et se borna à un vague salut vers Camille.

Elle gardait sa contenance, son apparat théâtral.

À distance, il vit mieux, avant de sortir, le cerne [2] de ses yeux et la moiteur qui couvrait ses tempes et son cou sans plis.

En bas, il traversa machinalement la rue, la clef du garage à la main. « Je ne peux pas faire cela », songea-t-il, et il rebroussa chemin vers l'avenue, assez lointaine, où roulaient la nuit les taxis maraudeurs [3]. Saha miaula deux ou trois fois et il la calma de la voix. « Je ne peux pas faire cela, mais ce serait vraiment beaucoup plus commode de prendre la voiture. Neuilly est impossible la nuit. » Il s'étonnait, ayant compté sur une détente heureuse, de perdre son sang-froid depuis qu'il était seul, et la marche ne l'apaisait pas. Enfin il rencontra un taxi errant, et trouva longue la course de cinq minutes.

Il grelottait [4], dans la nuit tiède, sous le bec de gaz [5], en

1. *Coquetterie* (f.) : attitude de quelqu'un qui veut se faire valoir, plaire.
2. *Cerne* (m.) : cercle coloré qui entoure parfois l'œil.
3. *Taxis maraudeurs* (ou *en maraude*) : qui circulent à vide, lentement, à la recherche de clients.
4. *Il grelottait* (verbe *grelotter*) : il tremblait de froid.
5. *Bec de gaz* (m.) : réverbère.

attendant que la grille s'ouvrît. Saha, qui avait reconnu l'odeur du jardin, miaulait à petits coups dans le panier posé sur le trottoir.

Le parfum des glycines en leur seconde floraison traversa l'air, et Alain trembla plus fort, en s'appuyant d'un pied sur l'autre comme par un froid vif. Il sonna de nouveau, car rien ne s'éveillait dans la maison malgré la sonorité grave et scandaleuse du gros timbre. Enfin une lumière parut dans les petits bâtiments du garage, et il entendit les pieds traînants du vieil Émile sur le gravier.

— C'est moi, Émile, dit-il quand la face sans couleur du vieux valet s'appuya aux barreaux.

— C'est Monsieur Alain ? dit Émile en exagérant son chevrottement [1]. La jeune dame de Monsieur Alain n'est pas indisposée ? L'été est si traître... Monsieur Alain a une valise, je vois ?

— Non, c'est Saha. Laissez, je la porte. Non, n'allumez pas les globes, la lumière pourrait réveiller Madame... Ouvrez-moi seulement la porte d'entrée, et retournez vous coucher.

— Madame est réveillée, c'est elle qui m'a sonné, je n'avais pas entendu le gros timbre. Dans mon premier sommeil, n'est-ce pas...

Alain se hâtait pour échapper au verbiage [2], au bruit de pas flageolants [3] qui le suivaient. Il ne butait pas au tournant des allées, quoique la nuit fût sans lune. La grande pelouse, plus pâle que les plates-bandes cultivées, le guidait. L'arbre mort drapé, au centre du gazon, figurait un homme énorme, debout,

1. *Chevrottement* (m.) : tremblement de la voix propre aux personnes âgées.
2. *Verbiage* (m.) : abondance de paroles vides de sens.
3. *Flageolant* : tremblant, hésitant.

son manteau sur le bras. L'odeur des géraniums arrosés arrêta Alain et lui serra la gorge. Il se pencha, ouvrit le panier à tâtons[1] et délivra la chatte.

— Saha, notre jardin…

Il la sentit couler hors du panier, et par tendresse il cessa de s'occuper d'elle. Il lui rendit, lui dédia la nuit, la liberté, la terre spongieuse et douce, les insectes veilleurs et les oiseaux endormis.

Derrière les persiennes du rez-de-chaussée, une lampe attendait et Alain se rembrunit. « Parler, et encore parler, expliquer à ma mère… expliquer quoi ? C'est si simple… C'est si difficile… »

Il ne désirait que le silence, la chambre semée de bouquets aux plates couleurs, le lit, et surtout les larmes véhémentes, les gros sanglots rauques comme une toux, compensation coupable et cachée…

— Entre, mon chéri, entre…

Il avait peu fréquenté la chambre maternelle. Son égoïste aversion des fioles compte-gouttes, des boîtes de digitaline et des tubes homéopathiques datait de l'enfance et durait encore. Mais il ne résista pas à la vue du lit étroit et sans recherche, de la femme aux cheveux blancs et drus qui se soulevait sur ses poignets.

— Vous savez, maman, il n'y a rien d'extraordinaire…

Il accompagna cette phrase stupide d'un sourire dont il eut honte, un sourire horizontal à joues raides. Sa fatigue venait de le ruiner d'un coup, et lui infligeait un démenti qu'il accepta. Il s'assit au chevet de sa mère[2] et dénoua son foulard.

— Je vous demande pardon de ma tenue, je suis venu

1. *À tâtons* : sans y voir à cause de l'obscurité.
2. *Au chevet de sa mère* : auprès du lit de sa mère.

comme j'étais… J'arrive à des heures indues, sans crier gare[1]…

— Mais tu as crié gare, dit Mme Amparat.

Elle jeta un regard sur les chaussures poussiéreuses d'Alain.

— Tu as des souliers de chemineau[2]…

— Je ne viens que de chez moi, maman. Mais j'ai dû chercher un taxi assez longtemps. Je portais la chatte…

— Ah ! fit Mme Amparat d'un air entendu[3], tu as rapporté la chatte ?

— Oh ! naturellement… Si vous saviez…

Il s'arrêta, retenu par une discrétion bizarre. « Ce sont des choses qu'on ne raconte pas. Ce ne sont pas des histoires pour parents. »

— Camille n'aime pas beaucoup Saha, maman.

— Je sais, dit Mme Amparat.

Elle se força à sourire, hocha ses cheveux crépelés.

— C'est très grave, ça !

— Oui, pour Camille, dit Alain, malveillant.

Il se leva, se promena parmi les meubles, houssés de blanc[4] pour l'été comme dans les maisons de province. Depuis qu'il avait résolu de ne pas dénoncer Camille, il ne trouvait plus rien à dire.

— Vous savez, maman, il n'y a eu ni cris ni bris de vaisselle[5]… La coiffeuse en verre n'a pas souffert, et les voisins ne sont pas montés. Seulement il me faut un peu de… de solitude, de repos… Je ne vous cache pas que je n'en peux plus,

1. *Sans crier gare* : sans prévenir, sans avertir.
2. *Chemineau* (m.) : vagabond, clochard.
3. *D'un air entendu* : d'un air complice, compréhensif.
4. *Houssés de blanc* : recouverts d'un tissu blanc.
5. *Ni bris de vaisselle* : la vaisselle (assiettes, verres) n'a pas été cassée non plus.

dit-il en s'asseyant sur le lit.

— Non, tu ne me le caches pas, dit Mme Amparat.

Elle posa une main sur le front d'Alain, renversant vers la lumière cette jeune figure d'homme où levait une barbe pâle. Il se plaignit, détourna ses yeux changeants et réussit à différer encore le tumulte de pleurs qu'il se promettait.

— S'il n'y a pas de draps à mon ancien lit, maman, je m'envelopperai dans n'importe quoi...

— Il y a des draps à ton lit, dit Mme Amparat.

Sur ce mot il étreignit sa mère, l'embrassa en aveugle sur les yeux, sur les joues et les cheveux, lui poussa son nez dans le cou, bégaya « bonne nuit » et sortit en reniflant.

Dans le vestibule, il se ressaisit et ne gravit pas tout de suite l'escalier, parce que la nuit finissante et Saha l'appelaient. Mais il n'alla pas loin. Le perron lui suffit. Il s'assit dans l'ombre, sur une marche, et la main qu'il étendit rencontra le pelage, les moustaches en antennes subtiles et les fraîches narines de Saha.

Elle tournait et retournait sur place, selon le code du fauve caressant. Elle lui parut toute petite, légère comme un chaton, et parce qu'il avait faim il pensa qu'elle avait besoin de manger.

— Nous mangerons demain... tout à l'heure... le jour va venir...

Déjà elle embaumait la menthe [1], le géranium et le buis. Il la tenait confiante et périssable [2], promise à dix ans de vie peut-être, et il souffrait en pensant à la brièveté d'un si grand amour.

— Après toi je serai sans doute à qui voudra... À une femme, à des femmes. Mais jamais à un autre chat.

1. *Elle embaumait la menthe* : elle répandait une bonne odeur de menthe.
2. *Périssable* : qui n'est pas durable, qui n'est pas immortel.

Un merle siffla quatre notes dont retentit tout le jardin, et se tut. Mais les passereaux l'avaient entendu et répondirent. Sur la pelouse et sur les massifs fleuris naissaient les fantômes des couleurs. Alain discerna un blanc maussade, un rouge engourdi plus triste que le noir, un jaune englué dans le vert environnant, une fleur jaune arrondie qui bientôt gravita plus jaune, suivie d'yeux et de lunes... Chancelant, subjugué de sommeil, Alain atteignit sa chambre, jeta ses vêtements, découvrit le lit fermé, et la fraîcheur des draps le conquit tout entier.

Couché sur le dos, un bras étendu, la chatte pétrissant [1], muette et concentrée, son épaule, il descendait à pic et sans halte au plus profond du repos, quand un sursaut le ramena vers le petit jour, le balancement des arbres éveillés et le grincement béni du tramway lointain.

« Qu'est-ce que j'ai ? Je voulais... Ah ! oui, je voulais pleurer... » Il sourit et retomba endormi.

Il dormit fiévreux, gorgé [2] de rêves. À deux ou trois reprises il crut qu'il s'éveillait et reprenait conscience du lieu où il reposait, mais chaque fois, il fut détrompé par l'expression des parois de sa chambre, hargneuses et guettant un œil ailé qui voletait.

« Mais je dors, voyons, je dors... »

« Je dors... » répondit-il encore au crissement du gravier. « Puisque je vous dis que je dors ! » cria-t-il à deux pieds traînassants, qui frôlaient la porte. Les pieds s'éloignèrent et le dormeur s'applaudit en songe. Mais le rêve avait mûri sous les sollicitations réitérées, et Alain ouvrit les yeux.

Le soleil, qu'il avait laissé en mai sur le rebord de la fenêtre, était devenu un soleil d'août, et ne dépassait plus le tronc satiné

1. *Pétrissant* (verbe *pétrir*) : pressant fortement ; se dit pour le travail de la pâte à pain.

2. *Gorgé* : rempli.

du tulipier en face de la maison. « Comme l'été a vieilli », se dit Alain. Il se leva, nu, chercha un vêtement et trouva un pyjama trop court, à manches étroites, un peignoir de bain décoloré, qu'il revêtit joyeusement. La fenêtre l'appelait, mais il se heurta à la photographie de Camille, oubliée au chevet. Il examina curieusement le petit portrait inexact, lustré [1], blanchi ici, là noirci. « Il est plus ressemblant que je ne le croyais », pensa-t-il. « Comment ne m'en suis-je pas aperçu ? Il y a quatre mois, je disais : « Oh ! elle est très différente de ceci, fine et moins dure… », mais je me trompais… »

La brise longue et égale courait à travers les arbres avec un murmure de rivière. Ébloui, une faim douloureuse au creux de l'estomac, Alain s'abandonnait : « Comme c'est doux, une convalescence… » Pour le combler d'illusion, un doigt heurta la porte, et la Basquaise barbue entra, portant un plateau.

— Mais j'aurais mangé au jardin, Juliette !

Elle fit une manière de sourire dans ses poils gris.

— J'avais pensé… Si Monsieur Alain veut que je descende le plateau ?

— Non, non, j'ai trop faim, laissez ça là. Saha viendra par la fenêtre.

Il appela la chatte qui surgit d'une retraite invisible, comme si elle naissait à son appel. Elle s'élança sur le chemin vertical de plantes grimpantes et retomba, — elle avait oublié ses griffes cassées.

— Attends, je viens !

Il la rapporta dans ses bras et ils se gorgèrent, elle de lait et de biscottes, lui de tartines [2] et de café brûlant. Sur un coin du plateau, une petite rose fleurissait l'oreille du pot de miel.

1. *Lustré* : lisse et brillant.
2. *Tartine* (f.) : tranche de pain recouverte de beurre, de confiture.

« Ce n'est pas une rose de ma mère », estima Alain. C'était une petite rose mal faite, un peu avortée, une rose dérobée aux rameaux bas, qui exhalait un farouche parfum de rose jaune. « Ça, c'est un hommage de la Basquaise… »

Saha, rayonnante, semblait avoir engraissé depuis la veille. Le jabot tendu, ses quatre raies de moire bien marquées entre les oreilles, elle fixait sur le jardin des yeux de despote heureux.

— Comme c'est simple, n'est-ce pas, Saha, pour toi du moins…

Le vieil Émile entra à son tour, réclama les chaussures d'Alain.

— Il y a un des lacets [1] qui est bien éprouvé… Monsieur Alain n'en a pas d'autre ? Ça ne fait rien, j'y mettrai un lacet à moi, bêla-t-il [2] avec émotion.

« Décidément, c'est ma fête », se dit Alain. Ce mot le rejeta par contraste vers le souci de tout ce qui hier était quotidien, la toilette, l'heure d'aller aux bureaux Amparat, l'heure de revenir déjeuner avec Camille…

— Mais je n'ai rien à me mettre ! s'écria-t-il.

Le rasoir un peu rouillé, l'ovule de savon rose, l'ancienne brosse à dents, il les reconnut dans la salle de bains, et s'en servit avec une joie de naufragé pour rire. Mais il dut descendre en pyjama trop court, la Basquaise ayant emporté ses vêtements.

— Viens, Saha, Saha…

Elle le précédait, il courut gauchement, les pieds mal assurés dans des sandales de raphia effilochées.

Il tendit l'épaule à la chape de soleil adouci, et ferma à demi ses paupières déshabituées de la réverbération verte des gazons,

1. *Lacet* (m.) : cordon étroit servant à attacher une chaussure.
2. *Bêla-t-il* (verbe *bêler*) : il parla et fit penser à un mouton ou à une chèvre.

de la chaude couleur ascendante que rejetaient un bloc serré d'amarantes [1] à crêtes charnues, une touffe de sauges rouges cernées d'héliotropes.

— Oh ! les mêmes, les mêmes sauges !

Ce petit massif en forme de cœur, Alain ne l'avait connu que rouge, et toujours bordé d'héliotropes [2], et protégé par un cerisier âgé, maigre, qui parfois donnait quelques cerises en septembre...

— J'en vois six... sept... Sept cerises vertes !

Il parlait à la chatte qui, l'œil vide et doré, atteint par l'odeur démesurée des héliotropes, entrouvrait la bouche, et manifestait la nauséeuse extase du fauve soumis aux parfums outranciers.

Elle goûta une herbe pour se remettre, écouta des voix, se frotta le museau aux dures brindilles des troènes taillés. Mais elle ne se livra à aucune exubérance, nulle gaieté irresponsable, et elle marcha noblement sous le petit nimbe d'argent qui l'enserrait de toutes parts.

« Jetée, du haut de neuf étages », songeait Alain en la regardant. « Saisie, — ou Poussée... Peut-être s'est-elle défendue, — peut-être s'est-elle échappée, pour être reprise et jetée... Assassinée... »

Il essayait par de telles conjectures d'allumer en lui la juste colère, et n'y parvenait Pas. « Si j'aimais vraiment, profondément Camille, quelle fureur... » Autour de lui rayonnait son royaume, menacé comme tous les royaumes. « Ma mère assure qu'avant vingt ans, personne ne pourra plus conserver des demeures, des jardins comme ceux-ci. C'est possible. Je veux bien les perdre. Je ne veux pas y laisser entrer les... »

1. *Amarante* (f.) : plante ornementale à fleurs rouges en grappes.
2. *Héliotrope* (m.) : tournesol.

Une sonnerie de téléphone, dans la maison, l'émut. « Allons ! est-ce que j'ai peur ? Camille n'est pas assez bête pour me téléphoner. Rendons-lui cette justice : je n'ai jamais vu une jeune femme user plus discrètement de cet outil… »

Mais il ne put se tenir de courir tant bien que mal, perdant ses sandales et trébuchant [1] sur les graviers ronds, et d'appeler :

— Maman ! Qui est-ce qui téléphone ?

L'épais peignoir blanc parut sur le perron, et Alain se sentit honteux d'avoir appelé.

— Que j'aime votre gros peignoir blanc, maman, toujours le même, toujours le même…

— Je te remercie bien pour mon peignoir, dit Mme Amparat.

Elle prolongea un moment l'attente d'Alain.

— C'était M. Veuillet. Il est neuf heures et demie. Tu ne connais plus les habitudes de la maison ?

Elle peigna de ses doigts les cheveux de son fils, boutonna le pyjama trop étroit.

— Te voilà joli ! Tu ne vas pas passer ta vie en va-nu-pieds [2], je pense ?

Alain lui sut gré de questionner si habilement.

— Il n'en est pas question, maman. Tout à l'heure je vais m'occuper de tout ça…

Mme Amparat arrêta tendrement le geste ample et vague :

— Ce soir, où seras-tu ?

— Ici ! cria-t-il, et les larmes lui montèrent aux yeux.

— Mon Dieu ! quel enfant !… dit Mme Amparat, et il releva le mot avec une gravité de boy-scout.

1. *Trébuchant* (verbe *trébucher*) : perdant l'équilibre, tombant.
2. *Va-nu-pieds* (m. invariable) : misérable, qui vit en vagabond.

— C'est possible, maman. Je voudrais justement prendre un peu conscience de ce que je dois faire, sortir de cette enfance…

— Par où ? Par un divorce ? C'est une porte qui fait du bruit.

— Mais qui donne de l'air, osa-t-il répliquer vertement[1].

— Est-ce qu'une séparation… temporaire, un régime de repos, ou de voyage… ne donnerait pas d'aussi bons résultats ?

Il leva des bras indignés.

— Mais, ma pauvre maman, vous ne savez pas… Vous êtes à cent lieues d'imaginer…

Il allait tout dire, raconter l'attentat…

— Eh bien, laisse-moi à cent lieues ! Ces choses-là ne me concernent pas, aie un peu de… de réserve, voyons… dit précipitamment Mme Amparat, et Alain profita de sa pudique erreur.

— Maintenant, maman, il y a encore le côté embêtant — je veux dire le point de vue famille qui se confond avec le point de vue commercial… Du point de vue Malmert, mon divorce serait sans excuse, quelle que soit la part de responsabilité de Camille… Une mariée de trois mois et demi… J'entends d'ici…

— Où prends-tu que ce soit un point de vue commercial ? Vous n'avez pas de firme[2] commune, toi et la petite Malmert. Un couple n'est pas une paire d'associés.

— Je sais bien, maman ! Mais enfin, si les choses prennent la tournure que j'envisage[3], c'est une période odieuse que celle des formalités, des entrevues, des…

Ce n'est jamais si simple qu'on le dit, un divorce…

1. *Vertement* : avec vivacité, rudesse.
2. *Firme* (f.) : entreprise industrielle ou commerciale.
3. *Prennent la tournure que j'envisage* : évoluent comme je pense.

Elle écoutait son fils avec douceur, sachant que certaines causes fructifient en effets imprévus, et qu'un homme est obligé, au long de sa vie, de naître plusieurs fois sans autre secours que le hasard, les contusions, les erreurs…

— Ce n'est jamais simple de quitter ce qu'on a voulu s'attacher, dit Mme Amparat. Elle n'est pas si mauvaise, cette petite Malmert. Un peu… grosse [1], un peu sans manières… Non, pas si mauvaise. Du moins, c'est ma manière de voir… Je ne te l'impose pas. Nous avons le temps d'y réfléchir…

— J'ai pris ce soin, dit Alain avec une politesse revêche [2]. Et bien que je préfère, pour l'instant, garder pour moi certaine histoire…

Son visage s'éclaira soudain d'un rire, d'une enfance retrouvée. Dressée sur ses pattes de derrière, Saha, la patte en cuiller au-dessus d'un arrosoir plein, pêchait des fourmis noyées.

— Regardez-la, maman ! N'est-elle pas un miracle de chatte ?

— Oui, soupira Mme Amparat. C'est ta chimère.

Il était toujours étonné quand sa mère usait d'un mot rare. Il salua celui-ci d'un baiser appuyé sur une main tôt vieillie, à grosses veines, tavelée [3] de ces lunules brunes que Juliette la Basquaise nommait lugubrement des « taches de terre ». Au coup de timbre qui résonna à la grille, il se redressa.

— Cache-toi, dit Mme Amparat. Nous sommes sur le passage des fournisseurs. Va t'habiller… Vois-tu que le petit du boucher te surprenne accoutré [4] comme tu l'es ?…

1. *Grosse* : ici, qui manque de finesse, de raffinement.
2. *Revêche* : peu aimable.
3. *Tavelé* : marqué de petites tâches (ici dues à la vieillesse).
4. *Accoutré* : habillé de façon ridicule, bizarre.

Mais ils savaient tous deux que le petit du boucher ne sonnait pas à la grille des visiteurs, et déjà Mme Amparat tournait le dos, se hâtait de gravir le perron, en relevant à deux mains son peignoir. Derrière les fusains taillés, Alain vit passer, courant, la Basquaise en déroute [1], son tablier de soie noire au vent, et un glissement de pantoufles sur le gravier dénonça la fuite du vieil Émile. Alain lui coupa la route :

— Vous avez ouvert, au moins ?

— Oui, Monsieur Alain, la jeune dame est après sa voiture [2]...

Il leva vers le ciel un œil terrifié, remonta ses épaules comme sous la grêle et disparut.

« Pour une panique, c'est une panique. J'aurais bien voulu m'habiller... Tiens, elle a un tailleur neuf... »

Camille l'avait aperçu et venait droit à lui, sans trop de hâte. Dans un de ces moments de trouble presque hilares que couvent les heures dramatiques, il pensa confusément : « Peut-être qu'elle vient déjeuner... »

Soigneusement et légèrement maquillée, armée de cils noirs, de belles lèvres décloses, de dents brillantes, elle parut pourtant perdre son assurance lorsque Alain avança à sa rencontre. Car il approchait sans se détacher de son atmosphère protectrice, foulait le gazon natal sous la complicité fastueuse des arbres, et Camille le contemplait avec des yeux de pauvre.

— Excuse-moi, j'ai l'air d'un collégien en crise de croissance... Nous n'avions pas pris rendez-vous pour ce matin ?

— Non... Je t'ai apporté ta grosse valise pleine.

— Mais il ne fallait pas ! se récria-t-il. J'aurais fait prendre

1. *Déroute* (f.) : fuite désordonnée.
2. *Après sa voiture* : emploi populaire pour *auprès de* ou *avec*.

aujourd'hui par Émile…

— Parlons-en, d'Émile… J'ai voulu lui passer ta valise, mais ce vieil idiot s'est sauvé comme si j'avais la peste… La valise est par terre près de la grille…

En rougissant d'humiliation, elle se mordit l'intérieur de la joue. « Ça débute bien », se dit Alain.

— Je suis désolé… Tu sais comment il est, Émile… Écoute, décida-t-il, allons donc dans le rond-de-fusains, nous serons plus tranquilles que dans la maison.

Il se repentit tout de suite de son choix, car le rond-de-fusains, petite architecture d'arbres taillés autour d'une clairière meublée d'osier, avait caché autrefois leurs baisers clandestins.

— Attends que j'enlève les brindilles. Il ne faut pas abîmer ce joli costume, que je ne connais pas…

— Il est neuf, dit Camille avec un accent de tristesse profonde, comme elle eût dit : « Il est mort. »

Elle s'assit de biais, en regardant autour d'elle. Deux arcades arrondies, l'une en face de l'autre, perçaient la rotonde de verdure. Alain se souvint d'une confidence de Camille : « Tu n'as pas idée comme il a pu m'intimider, ton beau jardin… J'y venais comme la petite fille du village qui vient jouer avec le fils des châtelains dans le parc. Et pourtant… » D'un mot, elle avait tout gâté, le dernier mot, ce « pourtant » qui évoquait la prospérité des essoreuses Malmert, comparée à la maison Amparat déclinante…

Il remarqua que Camille restait gantée [1]. « Ça, c'est une précaution qui se retourne contre elle… Sans ces gants, je n'aurais peut-être pas pensé à ses mains, à ce qu'elles ont commis… Ah ! voilà donc enfin un peu, un peu de colère », se

1. *Restait gantée* : n'enlevait pas ses gants.

dit-il en écoutant le battement de son cœur. « J'y ai mis le temps. »

— Alors... dit Camille d'un ton morne [1], alors qu'est-ce que tu fais ?... Peut-être que tu n'as pas encore réfléchi...

— Si, dit Alain.

— Ah !

— Oui. Je ne peux pas revenir.

— Je comprends bien qu'il n'est pas question aujourd'hui...

— Je ne veux pas revenir.

— Du tout ?... Jamais ?

Il haussa les épaules.

— Qu'est-ce que ça veut dire, jamais ? Je ne veux pas revenir. Pas maintenant. Je ne veux pas.

Elle épiait, tâchant de discerner le faux du vrai, l'irritation voulue du frémissement authentique. Il lui rendait suspicion pour suspicion. « Elle est petite, ce matin. Elle fait un peu jolie midinette [2]. Elle est perdue dans tout ce vert. Nous avons déjà échangé pas mal de paroles inutiles... »

Au loin, par l'une des issues arrondies, Camille apercevait sur unc des façades de la maison la trace des « travaux », une fenêtre neuve, des persiennes peintes de frais... — Bravement elle se jeta au-devant du risque :

— Et si je n'avais rien dit, hier ? suggéra-t-elle brusquement. Si tu n'avais rien su ?

— Belle idée de femme, ricana-t-il. Elle te fait honneur.

— Oh ! dit Camille en secouant la tête, honneur, honneur... Ce ne serait pas la première fois que le bonheur d'un couple dépendrait de quelque chose d'inavouable, ou d'inavoué... Mais j'ai l'idée qu'en cachant cette histoire je n'aurais fait que

1. *Morne* : sombre, abattu, triste.
2. *Midinette* (f.) : jeune fille de la ville, simple et frivole.

reculer pour mieux sauter. Je ne te sentais pas... comment dire ?

Elle cherchait le mot et le mimait, en nouant ses mains l'une à l'autre. « Elle a tort de mettre ses mains en évidence », pensa Alain vindicatif. « Ces mains qui ont exécuté quelqu'un... »

— Enfin, tu es si peu de mon parti [1], dit Camille. N'est-ce pas ?

Frappé, il convint mentalement qu'elle ne se trompait pas. Il se taisait et Camille insista plaintivement, d'une voix qu'il connaissait bien.

— Dis, méchant, dis ?...

— Mais, bon Dieu, éclata-t-il, ce n'est pas de ça qu'il est question ! Ce qui peut m'intéresser — m'intéresser à toi — c'est de savoir si tu regrettes ce que tu as fait, si tu ne peux pas ne pas y penser, si tu es malade d'y penser... Le remords, quoi, le remords ! Ça existe, le remords !

Il se leva, emporté, fit le tour du rond-de-fusains en essuyant son front sur sa manche.

— Ah ! dit Camille d'un air contrit et apprêté [2], naturellement, voyons... J'aurais mille fois mieux aimé ne pas le faire... Il a fallu que je perde la tête...

— Tu mens ! cria-t-il en étouffant sa voix. Tu ne regrettes que d'avoir raté ton coup [3] ! Il n'y a qu'à t'entendre, qu'à te voir, avec ton petit chapeau de côté, tes gants, ton tailleur neuf, tout ce que tu as combiné pour me séduire... Si c'était vrai, ton regret, je le verrais sur ta figure, je le sentirais !

Il criait bas, d'une voix râpeuse, et n'était plus tout à fait maître de sa colère qu'il avait encouragée. L'étoffe usée de son

1. *Tu es si peu de mon parti* : tu n'es pas de mon côté, avec moi.
2. *(Un air) apprêté* : peu naturel.
3. *Rater son coup* (familier) : ne pas réussir.

pyjama creva au coude, et il arracha presque toute sa manche, qu'il jeta sur un buisson.

Camille n'eut d'abord d'yeux que pour le bras nu, singulièrement blanc sur le bloc sombre des fusains, et qui gesticulait.

Il mit les mains sur ses yeux, se força à parler plus bas.

— Une petite créature sans reproche, bleue comme les meilleurs rêves, une petite âme... Fidèle, capable de mourir délicatement si ce qu'elle a choisi lui manque... Tu as tenu cela dans tes mains, au-dessus du vide, et tu as ouvert les mains... Tu es un monstre... Je ne veux pas vivre avec un monstre...

Il découvrit son visage moite [1], se rapprocha de Camille en cherchant des mots qui l'accableraient. Elle respirait court, son attention allait du bras nu au visage non moins blanc, déserté par le sang.

— Une bête ! cria-t-elle avec indignation. Tu me sacrifies à une bête ! Je suis ta femme, tout de même ! Tu me laisses pour une bête !...

— Une bête ?... Oui, une bête...

Calmé en apparence, il se déroba derrière un sourire mystérieux et renseigné. « Je veux bien admettre que Saha est une bête... Si elle en est vraiment une, qu'y a-t-il de supérieur à cette bête, et comment le ferais-je comprendre à Camille ? Elle me fait rire, cette petite criminelle toute nette, toute indignée et vertueuse, qui prétend savoir ce que c'est qu'une bête... » Il ne railla [2] pas plus loin, rappelé par la voix de Camille.

— C'est toi, le monstre.

— Pardon ?

1. *Moite* : légèrement humide.
2. *Railla* (verbe *railler*) : ridiculisa, se moqua, ironisa.

— Oui, c'est toi. Malheureusement, je ne sais pas bien expliquer pourquoi. Mais je t'assure que je ne me trompe pas. J'ai voulu, moi, supprimer Saha. Ce n'est pas beau. Mais tuer ce qui la gêne, ou qui la fait souffrir, c'est la première idée qui vient à une femme, surtout à une femme jalouse… C'est normal. Ce qui est rare, ce qui est monstrueux, c'est toi, c'est…

Elle peinait à vouloir se faire comprendre et désignait en même temps sur Alain les signes accidentels qui imposaient leur sens un peu délirant — la manche arrachée, la bouche tremblante et injurieuse, la joue où le sang ne remontait plus, la touffe insensée des blonds cheveux en tempête… Il ne protestait pas, dédaignant toute défense, et semblait perdu dans une exploration sans retour.

— Si j'avais tué, ou voulu tuer une femme par jalousie, tu me pardonnerais probablement. Mais c'est sur la chatte que j'ai porté la main, alors mon compte est bon [1]. Et tu voudrais que je ne te traite pas de monstre…

— Ai-je dit que je le voudrais ? interrompit-il avec hauteur.

Elle leva sur lui ses yeux effarés, fit un geste d'impuissance. Sombre et détaché, il suivait, chaque fois qu'elle bougeait, la jeune main exécrable et gantée.

— Maintenant, pour la suite des temps, qu'est-ce qu'on va faire… Qu'est-ce qui va nous arriver, Alain ?

Il faillit gémir, débordant d'intolérance, et lui crier : « On se sépare, on se tait, on dort, on respire l'un sans l'autre ! Je me retire loin, très loin, sous ce cerisier par exemple, sous les ailes de cette pie blanche et noire, ou dans la queue de paon du jet d'arrosage… Ou bien dans ma chambre froide, sous la protection d'un petit dollar d'or, d'une poignée de reliques et d'une chatte des Chartreux… »

1. *Mon compte est bon* : je n'ai que ce que je mérite, je suis punie.

Il se maîtrisa et mentit posément[1] :

— Mais rien pour l'instant. Il est trop tôt pour prendre une… une détermination… Nous verrons plus tard…

Ce dernier effort de modération et de sociabilité l'épuisa. Il trébucha dès les premiers pas, quand il se leva pour accompagner Camille, qui acceptait cette vague conciliation, avec un espoir affamé :

— C'est ça, oui, c'est trop tôt… Un peu plus tard… Reste là, je ne me soucie pas que tu viennes jusqu'à la grille… Avec ta manche, on croirait que nous nous sommes battus… Écoute, j'irai peut-être nager un peu à Ploumanach, chez le frère et la belle-sœur de Patrick… Parce que rien qu'à l'idée de vivre dans ma famille en ce moment…

— Vas-y avec le roadster, proposa Alain.

Elle rougit, en remerciant trop.

— Je te le rendrai, tu sais, dès mon retour à Paris, tu peux en avoir besoin, n'hésite pas à me le réclamer… D'ailleurs, je t'avertirai de mon départ et de mon retour…

« Déjà elle organise, déjà elle jette des fils de trame, des passerelles, déjà elle ramasse, recoud, retisse… C'est terrible. C'est cela que ma mère prise en elle ? C'est peut-être très beau en effet. Je ne me sens pas plus en mesure de la comprendre que de la récompenser. Comme elle est à l'aise dans tout ce qui m'est insoutenable… Qu'elle s'en aille maintenant, qu'elle s'en aille… »

Elle s'en allait, en se gardant de lui tendre la main. Mais elle osa, sous l'arcade de verdure taillée, le frôler vainement de ses seins embellis. Seul, il s'effondra dans un fauteuil et près de lui, sur la table d'osier, surgit prodigieusement la chatte.

1. *Posément* : calmement.

Une courbe de l'allée, une brèche dans le feuillage permirent à Camille de revoir, à distance, la chatte et Alain. Elle s'arrêta court [1], eut un élan comme pour retourner sur ses pas. Mais elle ne balança [2] qu'un moment, et s'éloigna plus vite. Car, si Saha, aux aguets, suivait humainement le départ de Camille, Alain à demi couché jouait, d'une paume [3] adroite et creusée en patte, avec les premiers marrons [4] d'août, verts et hérissés.

1. *Elle s'arrêta court* : elle s'arrêta brusquement.
2. *Balança* (verbe *balancer*) : ici, hésita.
3. *Paume* (f.) : intérieur de la main.
4. *Marron* (m.) : fruit du marronnier d'Inde, variété de châtaigne non comestible.

Chapitre VIII

Le dernier chapitre est le plus long de tout le roman. Un espace typographique (p. 130) marque cependant une nette division entre deux parties d'une longueur à peu près égale : pp. 113-132 et pp. 132-151.
Afin de faciliter la lecture, nous proposons de les subdiviser à leur tour en deux parties : pp. 113-123 et 123-132 ; pp. 132-138 et 138-151.

1. Trouvez un titre pour chacune de ces parties.

2. Identifiez les unités temporelles et spatiales qui unissent ou séparent ces quatre passages.

3. Quels sont les éléments de la narration qui vous permettent de considérer ce chapitre comme une conclusion, ou fin, du roman ?

4. Cette fin était-elle prévisible ? La trouvez-vous heureuse ? Justifiez vos réponses.

Ière PARTIE (pages 113-132)

« Un soir de Juillet [...] Mais je ne m'excuse pas... Au fait, je l'aurais dû ».

I. Cadre spatio-temporel

1. Quels sont les différents espaces qui alternent dans ces pages ? Montrez que chacun d'eux a une fonction particulière par rapport à l'action.

2. Comment sont organisés les éléments du décor dans la première scène sur la terrasse ?

3. Qu'est-ce qui dans le cadre temporel donne au début de ce chapitre le sentiment d'un événement exceptionnel ?

II. Personnages

1. Pourquoi Camille est-elle comparée à une « mouche dans du lait » ?
2. Analysez la montée de l'agressivité de Camille dans les premières pages puis comment elle se transforme en « pauvre petite meurtrière ».
3. Pourquoi Camille semble-t-elle « chargée de liens » (p. 122) ? Quelles sont les autres notations physiques désignant son état de « relégation », précurseur d'abandon ?
4. Étudiez les procédés par lesquels l'auteur confère à la chatte une personnalité humaine.
5. Relevez les termes ou expressions qui font aussi de Saha un parfait félin.
6. Analysez le comportement d'Alain détective et amoureux. Selon vous, a-t-il compris ce qui s'est réellement passé entre Camille et la chatte ?

III. Procédés narratifs

1. Analysez la façon dont est mené « le suspense » de la scène entre Camille et Saha (tensions, pauses, montée du danger, conclusion).
2. Relevez et justifiez les différents modes de communication utilisés par les personnages.
3. Du geste de Camille au cri de Saha, toute la tension des chapitres précédents semble exploser ici. Quels sont les procédés qui permettent une accélération du récit ?
4. Vers qui va manifestement la sympathie de l'auteur ? À quoi le comprenez-vous ?
5. En quoi les deux courts monologues de Camille (p. 116) sont-ils remarquables ?
6. Comparez les bruits de la « maison neuve » (p. 116) à ceux de la maison natale (chapitre VI pp. 73-74).

IV. À partir du texte...

1. Durant tout le roman l'auteur a privilégié la focalisation interne pour Alain (l'auteur fait voir avec lui les événements, les objets ou les autres) et la focalisation externe pour Camille (ses propos ou ses gestes sont rapportés sans explication sur ses pensées ou sentiments ; elle est vue de l'extérieur).
À partir des deux phrases prononcées par Camille seule, imaginez quelques phrases d'un monologue intérieur de Camille durant un des trois moments de ce passage (duel avec la chatte ; dîner avec Alain ; dans le studio avec Alain et Saha).

2. Après avoir cherché dans un dictionnaire la définition du mot « suspense » vous raconterez (oralement ou par écrit) une scène de suspense entre deux personnages d'un film ou d'un roman (n'oubliez pas de situer les éléments du décor, de décrire les mouvements des personnages et de mettre en évidence les moments forts de l'action).

IIe PARTIE (pages 123-132)

« Il alla jusqu'à la baie ouverte [...] ses tempes et son cou sans plis ».

I. Cadre spatio-temporel

1. Comparez les deux espaces qui servent de décor à cette scène. À quel moment les deux personnages changent-ils de lieu ?

2. Étudiez le jeu des lumières et des couleurs dans le décor extérieur. Quelle est la teinte dominante ?

3. En quoi l'éclairage de chacun des lieux contribue-t-il à rendre la scène dramatique ?

II. Personnages

1. Comment pouvez-vous interpréter le « frémissement » (p. 123) d'Alain ? De quoi est-il « annonciateur » ?

2. Analysez comment les mouvements intérieurs et extérieurs d'Alain suivent ceux de la musique et de la fête.

3. Quelle tactique adopte Alain pour démasquer Camille ? Relevez les gestes et les mots significatifs par lesquels il pousse progressivement Camille vers l'aveu de son crime.

4. Comment réagit Alain une fois satisfait son « besoin de révélation » ? Pourquoi l'auteur parle-t-il de sa « cruauté raisonnée » ?

5. Quel est le secret d'Alain ? En quoi son amour de Saha n'a-t-il rien à voir avec l'amour des bêtes ou de Camille elle-même ?

6. Comment est « vue » Camille dans ce passage ? Est-il facile de comprendre ses sentiments ? En quoi est-elle différente ?

III. Procédés narratifs

1. Analysez tous les éléments (décors, éclairages, postures et mouvements des personnages, dialogues, musiques, bruits, rythme de l'action) qui font de ce passage une scène « théâtrale ».

2. À quel moment comprend-on que le couple des jeunes mariés est définitivement brisé ? Revoyez dans les chapitres précédents comment Camille et Alain avaient deux conceptions opposées du temps et de l'avenir.

IV. À partir du texte...

1. Essayez de réécrire ce passage sous forme de texte théâtral (dialogues, indications scéniques, changements de décor).

IIIe PARTIE (pages 132-138)

« En bas, il traversa [...] Alain rouvrit les jeux ».

I. Cadre spatio-temporel

1. En analysant les caractéristiques des différents lieux traversés et atteints par Alain et les sensations qu'ils provoquent en lui, montrez comment s'accomplit son retour définitif à la maison natale.

2. Repérez dans ce passage tous les éléments nocturnes avec leurs valeurs négatives ou positives.

3. Comment peut-on interpréter la silhouette de « l'arbre mort » qui se dresse sur la pelouse du jardin ?

4. À quelle catégorie de sensations fait ici référence l'auteur pour évoquer le jardin ?

5. Comparez la scène du « perron » avec celle du chapitre I.

II. Personnages

1. Que recherche avant tout Alain en revenant chez lui ? Obtient-il ce qu'il désirait ?

2. La mère d'Alain : en quoi sa présence est-elle dans ce chapitre différente des autres apparitions précédentes ? Comment accueille-t-elle son fils ?

3. Étudiez, dans la description de la chatte, son harmonie retrouvée avec le jardin .

4. Dans quels lieux ou moments privilégiés se reconstitue le lien profond qui unit Alain et Saha ?

III. Procédés narratifs

1. À quels indices comprend-on que ce retour d'Alain était attendu et même préparé ?

2. Contrairement aux précédents, ce retour d'Alain est semé d'obstacles : après les avoir identifiés, dites quelle est leur fonction.

3. En quoi le sommeil et les rêves d'Alain diffèrent-ils ici des précédents et surtout de ceux du chapitre I ?

4. Par quels procédés sont rendus évidents la compréhension, les affinités et l'amour d'Alain et Saha ?

IV. À partir du texte...

1. Si vous ne l'avez pas encore lue, imaginez la fin du roman, après le réveil d'Alain dans sa chambre.
Si vous la connaissez déjà, inventez-en une autre.

IVe PARTIE (pages 138-151)

« Le soleil, qu'il avait laissé en mai [...] les premiers marrons d'août, verts et hérissés ».

I. Cadre spatio-temporel

1. À quel moment de la journée se déroule la fin du roman ? Quel rôle joue l'intensité de la lumière dans la signification du dénouement ?

2. Combien de temps s'est écoulé depuis le début du récit ?

3. Relevez tous les termes qui font du jardin un véritable paradis.

II. Personnages

1. Pourquoi Alain est-il comparé à un « naufragé », à un « convalescent » ?

2. Analysez comment s'opère le retour régressif à l'enfance d'Alain.

3. Quel rôle joue la mère dans cette fin de roman ?

4. Quelle est la preuve qu'Alain n'aime pas Camille ?

5. Pourquoi Alain et Camille ne peuvent-ils pas se réconcilier ?

6. Étudiez comment, dans son monologue intérieur, Alain condamne définitivement Camille.

7. Comment Camille se défend-elle ? Quelles erreurs commet-elle ?

8. Pour quelles raisons explicites ou mystérieuses Alain choisit-il Saha en rejetant Camille ?

9. En quoi consiste le bonheur pour Alain ? Pourquoi est-il « simple » ?

10. Pourquoi la chatte est-elle une « chimère » pour Alain ? (Cherchez la définition de ce mot dans le dictionnaire).

III. Procédés narratifs

1. En quoi les pages 137 à 139 rappellent-elles les premières pages du chapitre II ?
Comparez de même l'irruption de Camille dans le jardin avec celle du chapitre II.

2. Pourquoi la dénomination de « monstre » marque-t-elle la radicale incompréhension entre Camille et Alain ?

3. Par quels procédés comprenons-nous vers qui penche la sympathie de l'auteur ?

4. Dans les dix dernières lignes du roman, la scène est vue par Camille à distance. De quel procédé cinématographique semble ici s'inspirer l'auteur ?

5. Si l'humanisation de la chatte n'est pas une surprise, comment interprétez-vous la « félinisation » d'Alain ? Quelle tonalité donne-t-elle à la fin du récit ?

IV. À partir du texte...

1. Cherchez dans le dictionnaire les définitions du mot « monstre » et donnez des exemples de son emploi.
Citez des romans ou des films dans lesquels apparaissent des hommes ou des femmes transformés en animaux.
À quel genre appartiennent ces récits ?

Questions générales sur l'ensemble du roman

1. Résumez en quelques lignes l'intrigue du roman.

2. Pourquoi a-t-on pu comparer ce roman à une tragédie classique ? Pour répondre, dites ce qui caractérise les personnages (principaux et secondaires), les lieux (décors) et temps de l'action, les modes de narration les plus fréquents et les scènes les plus significatives.

3. Comparez les deux lieux de l'action (la maison natale d'Alain et l'appartement conjugal du Quart-de-Brie).
Vous montrerez en particulier comment ils s'opposent du point de vue :
- des dimensions, de la forme ;
- de la localisation ;
- de l'environnement (végétal, urbain, humain) ;
- du rapport à la terre, à la lumière.

4. En marge de ces espaces officiels, deux espaces annexes : le « nid » (que l'on construit à l'ouest de la maison natale) et la « salle d'attente » du Quart-de-Brie.
Montrez comment chacun de ces espaces entretient :
- un rapport de rivalité avec le lieu d'où il est issu ;
- un rapport de similitude avec l'autre lieu officiel (par exemple : la salle d'attente et la maison natale, le « nid » et le Quart-de-Brie.

5. Dans les contes populaires ou les fables pour enfants, on trouve souvent un animal – plus ou moins magique ou familier – qui accompagne le « héros » dans son parcours et ses entreprises. Son rôle est de l'aider à comprendre et à analyser la situation, de le protéger de ses ennemis, de le défendre en cas de danger, de se substituer parfois à lui pour accomplir certaines actions. Il est à la fois un adjuvant (allié) et un catalyseur.
En reprenant quelques moments-clés du roman, vous montrerez comment Saha la chatte joue ce rôle – bien que non explicité – auprès d'Alain, jusqu'au triomphe définitif.

6. Citez quelques phrases du roman où l'auteur emploie la « focalisation interne » (les situations sont vues à travers la conscience du personnage) et d'autres où prévaut la « focalisation externe » (le personnage est décrit de l'extérieur et on ne connaît pas ses sentiments).
À quels moments, en revanche, a-t-on affaire à une « focalisation zéro » (le romancier omniscient en sait plus que ses personnages) ? Donnez des exemples.

7. Quel rôle jouent les passages ou les aspects descriptifs dans l'économie générale du récit (il s'agit de la « fonction diégétique » de la description).
Montrez que dans *La Chatte* cette fonction est d'ordre à la fois explicatif et symbolique.
Cherchez dans un roman de Balzac ou de Zola une description qui révèle et en même temps justifie la psychologie des personnages.

8. Le « récit itératif » raconte en une seule fois ce qui s'est passé plusieurs fois de la même façon, alors que le « récit singulatif » raconte une fois ce qui ne s'est passé qu'une fois.
Relevez dans le roman quelques passages illustrant ces deux modes narratifs en précisant les temps verbaux utilisés pour chacun d'eux et en montrant comment les segments itératifs sont presque toujours en état de subordination fonctionnelle par rapport aux scènes singulatives auxquelles ils donnent une sorte de cadre ou d'arrière-plan.

9. Relevez, quelques traits significatifs du style de Colette, en les classant, par exemple, selon le vocabulaire, la syntaxe, les figures de style.

10. Donnez d'autres titres possibles à ce roman.

"Le rêve de ma vie? Et que ferais-je d'un seul rêve? — Colette

Sélection Bibliographique

Principales éditions de *La Chatte*

La Chatte, Paris, Grasset, coll. « Pour mon plaisir », 1933.

La Chatte, Paris, Feronzi, coll. « Le livre moderne illustré », 1935.

La Chatte, Paris Fayard, 1945.

La Chatte, dans *Œuvres complètes*, Paris, Le Fleuron, Flammarion. (1948-1950, 15 volumes), t.IX, 1949.

La Chatte, Paris, Hachette, coll. « Le livre de poche » n. 96, 1955 (31 réimpressions jusqu'en 1990) ; éd. 1992, avec une préface et une bibliographie de N. Ferrier-Caverivière.

La Chatte, Paris, Grasset, 1957.

La Chatte, dans *Œuvres complètes*, éd. du Centenaire, Paris, Flammarion-Club de l'Honnête Homme (1973-1976, 16 volumes), t. VII, 1974.

La Chatte, dans *Romans, récits, souvenirs (1920-1940)*, Paris, Robert Laffont, coll. « Bouquins », 1989.

La Chatte, dans *Œuvres*, Paris, Gallimard, « Bibliothèque de la Pléiade » (1985-1991, 3 volumes parus), t. III, 1991.

Principaux ouvrages sur Colette

R. SIGL : *Colette*, Paris, éditions des Belles Lettres, 1924.

P. REBOUX : *Colette ou le génie du style*, Paris, Rasmussen, 1945

J. LARNAC : *Colette, sa vie, son œuvre*, Paris, Kra, 1927.

C. CHAUVIÈRE : *Colette*, Paris, Firmin-Didot, 1931.

A. FILLON : *Colette*, Paris, éditions de la Caravelle, 1933.

P. TRAHARD : *L'Art de Colette*, Paris éditions Jean Renard, 1941.

G. TRUC : *Madame Colette*, Paris, Corrêa, 1941.

C. BONCOMPAIN : *Colette*, Lyon, Confluences, 1945.

G. BEAUMONT et A. PARINAUD : *Colette par elle-même*, Paris, Seuil, 1951.

S. BONMARIAGE : *Willy, Colette et moi*, Paris, éditions Frémanger, 1954.

T. MAULNIER : *Introduction à Colette*, Paris, La Palme, 1954.

F. CARCO : *Colette « mon ami »*, Paris, éd. Rive-Gauche, 1955.

J. COCTEAU : *Colette*. Discours de réception à l'Académie Française de Belgique, Paris, Grasset, 1955.

M. GOUDEKET : *Près de Colette*, Paris, Flammarion, 1956.

M. LE HARDOUIN : *Colette*, Paris, éditions Universitaires, 1956.

N. HOUSSA : *Le Souci de l'expression chez Colette*, Bruxelles, Paris des Académies, 1958.

WILLY : *Indiscrétions et Commentaires sur les « Claudine »*, Paris, Pro Amicis, 1962.

M. RAAPHORST-ROUSSEAU : *Colette, sa vie et son art*, Paris, Nizet, 1964.

M. GOUDEKET : *La Douceur de vieillir*, Paris, Flammarion, 1965.

R. PHELPS : *Autobiographie tirée des œuvres de Colette*, Paris, Fayard, 1966.

L. FORESTIER : *Chemins vers la maison de Claudine et Sido*, note pour une étude, Paris, société d'Édition d'Enseignement Supérieur, 1968.

A.A. KETCHUM : *Colette ou La Naissance du jour*. Étude d'un malentendu, Paris, Minard, 1968.

M. BIOLLEY-GODINO : *L'Homme-Objet chez Colette*, Paris Klincksieck, 1972.

A. JOUBERT : *Colette et « Chéri »*, Paris, Nizet, 1972.

E. HARRIS : *L'Approfondissement de la sensualité dans l'<180>uvre romanesque de Colette*, Paris, Nizet, 1973.

K. RESH : *Corps féminin, corps textuel*. Essai sur le personnage féminin dans l'œuvre de Colette, Paris, Klincksieck, 1973.

P. D'HOLLANDER : *Colette à l'heure de Willy*, Presses de l'Universi-té de Montréal et Klincksieck (Paris), 1975.

A. et O. VIRMAUX : *Colette au cinéma*, Paris, Flammarion, 1975.

L. PERCHE : *Colette*, Paris, Seghers, 1976.

P. D'HOLLANDER : *Colette. Ses Apprentissages*, Paris, Klincksieck/ Montréal, Presses de l'Université de Montréal, 1978.

M. SARDE : *Colette libre et entravée*, Paris Stock, 1978.

J. GIRY : *Colette et l'art du discours intérieur*, Paris, la Pensée Universelle, 1980.

S. TINTER : *Colette et le temps surmonté*, Genève, Slatkine, 1980.

F. CARADEC : *Feu Willy : avec et sans Colette*, Paris, Carrère-Michel Lafont, 1984.

G. DORMANN : *Amoureuse Colette*, Paris, Herscher, 1984.

J. MALIGE : *Colette, Qui êtes-vous ?*, Lyon, La Manufacture, 1987.

E. REYMOND : *Colette et la Cìte d'Azur*, Aix-en-provence, Édisud, 1987.

(collectif) *Colette, Nouvelles approches critiques*, Paris, Nizet, 1987.

E. REYMOND : *Le Rire de Colette*, Paris, Nizet, 1988.

M. GAUTHIER : *La Poétique de Colette*, Paris, klincksieck, 1989.

(collectif) *Analyses et réflexions sur Colette, Sido et Les Vrilles de la vignes : l'hymne à l'univers*, Paris, coll. ellipses, édition Marketing, 1990.

H. LOTTMAN : *Colette*, Paris, Fayard, 1990 (traduit de l'anglais).

M.-F. BERTHU-COURTIVRON : *Espace, demeure, écriture.* La Maison natale dans l'œuvre de Colette, Paris, Nizet, 1992.

C. BOUSTANI : *L'Écriture-corps chez Colette*, Villenave D'Ornon, éditions Fus-Art, 1993.

Cahiers Colette publiés par la Société des amis de Colette, Paris, Flammarion : 14 numéros parus depuis 1977.

Études et ouvrages sur *La Chatte*

C. QUILLIOT : *« La Chatte » et le métier d'écrivain*, dans *Revue des Sciences humaines* (1968), pp. 59-77.

M. BAL : *Complexité d'un roman populaire. L'ambiguïté dans « La Chatte »*, Paris, La Pensée universelle, 1974.

M. BAL : *Narration et focalisation. Pour une théorie des instances du récit. À propos de « La Chatte » de Colette* dans *Narratologie*, Paris, Klincksieck, 1977, pp. 39-58.

M. FORDE : *Spatial structures in « La Chatte »* dans *The French Review*, LVIII, 1984-85, pp. 360-67.

M. S. MAURIN : *Du Mouvement et de l'immobilité dans « La Chatte » de Colette*, dans *Dalhousie French Studies*, VI (Spring-Summer 1984), pp. 72-83.

M. M. CALLANDER : *Colette : « Le Blé en herbe » and « La Chatte »*, London, Grant and Cutler, 1992.

FILMOGRAPHIE

Envie (sujet tiré de *La Chatte* de Colette), épisode du film *Les Sept péchés capitaux* (1951). Réal. : Roberto Rossellini, avec Orfeo Tamburi et Andrée Debar. Prod. Franco London film.

Table des Matières

Dans la même collection

Alain-Fournier
LE GRAND MEAULNES

H. de Balzac
LE PÈRE GORIOT

S. Beckett
EN ATTENDANT GODOT

Colette
LA CHATTE

M. Duras
MODERATO CANTABILE

G. Flaubert
MADAME BOVARY

G. de Maupassant
SUR L'EAU
UNE VIE

F. Mauriac
THÉRÈSE DESQUEYROUX

Molière
L'AVARE
LE TARTUFFE

M. Proust
UN AMOUR DE SWANN

Racine
PHÈDRE

Stendhal
LE ROUGE ET LE NOIR

Vercors
LE SILENCE DE LA MER

Voltaire
CANDIDE